a mon confrère Sarcey.

hommage sympathique

Louis Ulbach

LETTRES

DE

FERRAGUS

OUVRAGES DU MÊME AUTEUR

CHEZ LES MÊMES ÉDITEURS

ROMANS

LE MARI D'ANTOINETTE. 1 vol. grand in-18............	3 fr.	»
FRANÇOISE. 1 vol. grand in-18....................	3	»
PAULINE FOUCAULT. 1 vol grand in-18...............	3	»
MÉMOIRES D'UN INCONNU. 1 vol. grand in-18...........	3	»
MONSIEUR ET MADAME FERNEL. 1 vol. grand in-18.......	3	»
SUZANNE DUCHEMIN. 1 vol. grand in-18...............	3	»
L'HOMME AUX CINQ LOUIS D'OR. 1 vol. grand in-18......	3	»
HISTOIRE D'UNE MÈRE ET DE SES ENFANTS 1 vol. grand in-18.	3	»
LES ROUÉS SANS LE SAVOIR. 1 vol. grand in-18.........	3	»
LE PRINCE BONIFACIO. 1 vol. grand in-18.............	3	»
VOYAGE AUTOUR DE MON CLOCHER. 1 vol. grand in-18....	3	»
LOUISE TARDY. 1 vol. grand in-18..................	3	»
LES PARENTS COUPABLES. Mémoires d'un lycéen, 1 vol. grand in-18 jésus..	3	»
LE PARRAIN DE CENDRILLON. 1 vol grand in-18.........	3	»
LA CHAUVE-SOURIS. 1 vol. grand in-18...............	3	»
LE JARDIN DU CHANOINE. 1 vol. grand in-18...........	3	»
LA COCARDE BLANCHE. 1 vol. grand in-18.............	3	»
Il reste quelques exemplaires des romans ci-dessus cartonnés à l'anglaise, au prix de...........................	3	50

CRITIQUE

ÉCRIVAINS ET HOMMES DE LETTRES. 1 vol. grand in-18.....	3	50
CAUSERIES DU DIMANCHE. 1 vol. grand in-18...........	3	50
LETTRES DE FERRAGUS. 1 vol. grand in-18.............	3	50

THÉATRE

MONSIEUR ET MADAME FERNEL. Comédie en 4 actes, 1 vol grand in-18.	2	»

ÉTUDE SUR LA VIE ET LES ŒUVRES DE LAMARTINE. Introduction à la France parlementaire (1834-1851). — ŒUVRES ORATOIRES ET ÉCRITS POLITIQUES DE M. ALPHONSE DE LAMARTINE. 6 forts volumes in-8. 36 »

Paris. — Imprimerie L. Poupart-Davyl, rue du Bac, 30.

LETTRES

DE

FERRAGUS

PAR

LOUIS ULBACH

———◆———

PARIS

LIBRAIRIE INTERNATIONALE

15, BOULEVARD MONTMARTRE

A LACROIX, VERBOECKHOVEN & C⁹, ÉDITEURS

A Bruxelles, à Leipzig et à Livourne

1869

Tous droits de traduction et de reproduction réservés

A LA MÉMOIRE

DE

HONORÉ DE BALZAC

Du plus profond, du plus impitoyable liquidateur des turpitudes humaines

DEPUIS

W. SHAKESPEARE

Paris, décembre 1868

L U.

LETTRES DE FERRAGUS

I

A Monsieur le directeur du Figaro.

Paris, 3 janvier.

Monsieur,

Puisque Rocambole n'a pas dit son dernier mot, pourquoi donc aurais-je dit le mien, moi qui ai, plus que ce Vautrin des Batignolles, l'infatigable jeunesse déposée en moi par le génie de Balzac?

On m'a tué bien souvent; j'ai reçu à la Gaîté, dans le drame de MM. Dugué et Peaucellier, un dernier atout, dont je me vengerai; on a voulu me dégoûter de l'immortalité, en me donnant des compagnons indignes de moi, des Lucien de Rubempré à faire pleurer la police, et des de Marsay à rendre dévotes les plus grandes dames.

Je ne permettrai pas qu'on me déshonore davantage.

—

Je vivais dans mon coin, bâillant ma vie, comme Châteaubriand, essayant de m'hébéter à lire Rocambole, et allant porter de temps en temps une petite fleur sur la tombe que la veuve de Balzac a fini par élever à son illustre époux.

Je souriais tout bas de vos romans nationaux qui déconseillent l'héroïsme, de vos romans de mœurs qui déconseillent le mariage, de vos romans religieux qui déconseillent la religion; quelquefois, le matin, j'allais voir guillotiner un imbécile, et je rentrais chez moi en chantonnant un air d'Offenbach, le seul homme nécessaire, et par conséquent le seul homme de génie de notre époque.

Je n'étais pas sollicité de rentrer en scène; j'attendais je ne sais quoi! Mais un beau jour j'ai vu qu'en fait de nouveauté on revenait aux vieux. Paris acclamait M. Thiers, que je n'avais pas voulu subir pour ministre en 1848. Les fruits secs de mon temps se croyaient mûris parce qu'ils pourrissaient sur la litière d'une admiration idiote. *Rocambole*, un ignoble forçat, donnait le goût de la violence et faisait pâlir d'enthousiasme les filles de la duchesse de Langeais. Les honnêtes gens comme M. Clémenceau étaient obligés d'exécuter eux-mêmes leurs moitiés infidèles, faute d'un justicier intime et breveté pour se charger de la besogne.

Je me hasardai dans quelques théâtres. J'y vis les vieilles femmes de ma jeunesse redevenues jeunes et montrant leurs plâtres, devant la rampe, à des contemporaines qui abritaient leur badigeon dans des baignoires d'avant-scène. De Marsay, râpé et craquelé, se dessinant sur le crâne les cheveux qu'il teignait autrefois, conduit toujours avec les mêmes respects ironiques la vieille chatte pelée qui servait d'Égérie aux Richelieux de mon temps. Rastignac vivote d'une actrice, et Lucien de Rubempré fait partie d'un cercle dont M. de Camors est le président, dans lequel on jure de mépriser les femmes, de trahir ses amis, et d'élever toutes les petites lâchetés à la hauteur d'un principe.

Aucun ressort dans les âmes; pas même pour le mal : les visages efféminés de ceux qui se laissent appeler les *crevés,* pour être dispensés de vivre, font passer le soleil de la honte sur mon front! Vautrin leur pardonnerait peut-être; mais moi je voudrais les délayer dans la boue.

Je cherche vos grands hommes, vos grandes idées, vos espérances, vos ambitions.

Ceux qui étaient des lumières à mon époque sont éteints ou portent des abat-jour. Victor Hugo fait peur. Lamartine fait pitié. Il faut aller à Bruxelles pour voir jouer *Ruy-Blas*, et les boursicotiers indifférents à la poésie, oublieux du passé, s'impatientent de ce que le grand poète qui a été le Tyrtée d'une révolution, n'en finit pas de mourir.

La désagrégation est partout et dans tout. Plus de solidarité! l'honneur d'un journaliste n'est plus l'honneur de tous les journaux; les anciens permettent qu'on les accuse de vilenies, et acceptent des juges quand ils ne devraient accepter que des témoins (1); les jeunes crachent sur les mains qui les ont aidés; la Bourse, ce temple de la banqueroute, devient une arène, et voilà qu'on permet à chacun d'y entrer avec sa canne, parce qu'on sait bien que nul n'est sûr d'y entrer avec sa dignité.

Est-ce que vous croyez qu'un petit coup de balai dans ces écuries ne serait pas nécessaire?

—

Je dis écuries, et je n'emprunte rien à Augias; mais tout le monde a pu voir dans une récente manifestation de l'esprit français, à la revue de

---

(1) Affaire Kervéguen.

la Porte-Saint-Martin, que les chevaux, depuis si longtemps jaloux de ces dames, vont désormais être admis aux mêmes faveurs. Le ballet du *sport* est le dernier essai d'une spéculation de plaisirs, impuissante à émouvoir encore ces Héliogabales de l'orchestre et des loges. On ne veut plus même des jambes des danseuses; le plus beau modèle en ce genre se promène inutilement dans la pièce; le public rit et veut autre chose. Alors, on lui offre des acrobates qui piaffent et des chevaux qui se mêlent à la ronde; et comme les chevaux écraseront peut-être les femmes, on attend avec un peu d'émotion cet incident. Jusque-là, c'est la proclamation de l'égalité des bêtes; on soupe avec du foin après la représentation.

Je trouve donc qu'il est temps qu'un homme comme moi dise son fait à une société qui m'évoque imprudemment.

Je me lève de mon ombre et je proteste.

C'est le temps des hommes masqués.

Je suis le champion de toutes les faiblesses; le défenseur de tous les gens qu'on étrangle, au théâtre ou ailleurs. J'ai subi l'injustice. J'aime passionnément la justice. Je l'exercerai comme autrefois, à ma manière, avec mes douze compagnons.

Je fonde la société de secours mutuel des vaincus; et, sans jamais me mettre mal avec l'autorité, je serai l'expéditeur des communiqués du trottoir, je serai la *bouche d'ombre* des passants.

—

Voulez-vous de moi? Je sais bien que mes compagnons sont défraîchis; je ne les montrerai pas. Mais je vous atteste qu'ils ont encore le poignet solide et le cœur vaillant.

Ils ne marquent plus les gens avec un fer rouge, surtout les femmes; non, ce moyen est passé de mode; d'ailleurs le maquillage universel le rendrait inutile; mais ils ne lâchent pas une proie dès qu'ils l'ont saisie, et l'encre vaut mieux que le charbon.

Loyal et sincère, je reconnaîtrai mes erreurs, si j'en commets, et je n'oublierai pas que la précaution d'un homme bien masqué, consistant aussi à mettre des gants, je ne dois ni égratigner, ni pincer mal à propos ceux que je me charge de *tomber*.

Voilà le rôle que je réclame. Darcier à la Porte-Saint-Martin, dans cette revue si fidèle de l'esprit français en 1867, chante sur un ton piteux une romance émouvante dont j'ai gardé le refrain : *La gloire est bien malade!* dit-il.

Le mot est vrai, je m'en empare; je ne suis pas un médecin, tout au plus serais-je un rebouteur; mais j'ai souffert de la maladie de mon temps; je me suis guéri par la réflexion et le mépris; je veux communiquer ma recette aux autres.

N'attendons de personne le salut. Il est en nous. Le Messie, c'est la conscience; j'ai fouillé la mienne, je sais crocheter celle des autres.

Si vous le voulez, une ou deux fois par semaine, je vous enverrai mon rapport et mes jugements. Tant qu'ils vous paraîtront utiles, insérez-les. Je rentrerai sans murmure dans ma retraite, dans ma guérite ou mon tombeau, le jour où vous me jugerez passé de mode, insuffisant et superflu.

En attendant, je me dis, en mon nom et au nom des Treize, votre tout dévoué.

II

LES ÉTRANGLEURS DE PARIS

14 janvier.

Eh bien, oui, Paris a ses étrangleurs ; l'Inde n'en a plus. Je ne parle pas de l'incident de la Porte-Saint-Martin. L'enquête a sans doute prouvé, qu'hormis la pièce, personne n'avait été positivement étranglé ce soir-là. Le spectateur, dont tout le monde a vu les yeux sortis de l'orbite, la figure convulsionnée, et la langue tirée, n'a qu'à s'en prendre au peu d'élasticité de sa cravate de la mine piteuse qu'il a faite ; la meilleure preuve des intentions excellentes de ceux que l'on accusait à tort, c'est que pendant vingt minutes ils ont eu ce spectateur évanoui entre leurs mains, et qu'ils ne l'ont pas achevé.

Non, je veux parler de ces étrangleurs sans lacets, sans cordes, sans bâillons apparents, qui étouffent la vie, éteignent la pensée, font jaillir l'âme par une manœuvre décente, polie, étrangleurs de l'esprit, étrangleurs de la foi, étranrangleurs même du doute; étrangleurs du passé, qu'ils calomnient, du présent, qu'ils rapetissent, de l'avenir, qu'ils suppriment; censeurs officiels ou officieux, pédants, directeurs de Revues, de journaux, de théâtres, pères de famille, tous, initiés par peur, par sottise, au culte de cette divinité sourde qui veut des muets pour conduire des aveugles!

Le monde, je vous le dis, est aux étrangleurs. Voilà pourquoi on râle au théâtre, on agonise dans les livres, on se tord convulsivement dans les journaux! Voilà pourquoi je défie bien un poëte de chanter, un grand orateur de secouer la torpeur de ce temps-ci, et une œuvre littéraire, politique ou sociale de se fonder avec éclat.

———

Qui donc parlait de publier une Encyclopédie? Avec qui? avec quoi? en vertu de quels principes? sous la direction de quels hommes? On s'étranglerait entre collaborateurs avant la première page, avant le titre même. Une encyclopédie est un *credo*, une affirmation de la vie; et c'est à qui tuera son voisin pour s'exhorter au suicide!

Remarquez bien que je ne parle pas du pouvoir. Dans une société d'étranglement mutuel, il doit faire sa besogne: ne nous prenons pas à la gorge entre nous, et nous serons plus forts pour empêcher un étrangleur galonné de nous toucher au collet.

Mais, quand la censure voit les directeurs de théâtre, peureux, honteux, n'usant de la liberté que pour se lier à quelque chose ou à quelqu'un, être les premiers à redouter les œuvres hardies et littéraires, elle vient en aide à cette poltronnerie, à ce goût de l'étranglement, et elle passe la ficelle pour étrangler les *Sceptiques*, le *Coup de Bourse*, *Malheur aux vaincus*, *Ruy-Blas*, tout Victor Hugo, tout ce qui pourrait donner la démangeaison de la vie, au lieu de porter au spleen. Je m'étonne toujours qu'à la fin d'un ballet, on n'entende pas une ou deux détonations dans les salles de thâtre, et qu'il n'y ait pas une Morgue à côté du vestiaire pour les suicidés de l'ennui.

On crie contre la commission de colportage! Mais les gens qui la composent ne sont pas plus bêtes que les censeurs. Ils savent que l'étranglement des bibliothèques ravit certains sénateurs; qu'on a voulu étrangler M. Sainte-Beuve parce qu'il défendait M. Renan; alors la commission refuse une estampille qui serait presque un acte de sédition.

—

Et les journaux qui se plaignent du cordon, pourquoi sont-ils les premiers à se dénoncer aux étrangleurs, et à s'étrangler entre eux?

Il y avait autrefois un parti catholique. De mon temps, je rencontrais chez la duchesse de

Langeais un gentilhomme éloquent et spirituel, M. de Montalembert, qui était le chef de ce parti. Ce n'était ni un jésuite, ni un cuistre. On n'avait pas trop l'air d'un sacristain en l'écoutant. Un jour, M. Veuillot a retroussé ses manches, et de ses mains lavées dans un bénitier, a étranglé si proprement M. de Montalembert, que du coup le parti de la croisade a perdu le chef des croisés.

Quant aux voltairiens, ceux-là sont acharnés sur Voltaire ; les uns, comme le *Siècle*, l'étranglent avec des fleurs, et les autres l'étranglent avec des entrefilets du *Siècle*. S'il était une idée simple, ingénieuse, nationale, qui dût rallier toutes les nuances de la même opinion, c'était bien l'idée de trouver un emplacement pour cette statue nécessaire, dans ce pays si vaste pour les monuments inutiles. Mais les questions de boutique ont si bien changé les choses, qu'aujourd'hui l'hommage à Voltaire est devenu la réclame, la prime aux abonnés d'un journal, au lieu d'être la devise d'un parti.

—

Quant à s'étrangler entre eux, les libéraux n'y manquent pas. C'est même l'occupation la plus active de leur libéralisme. L'*Avenir* étrangle au besoin le *Siècle*, qui étrangle le *Temps*, lequel étrangle l'*Opinion nationale*. Le *Courrier français* à lui seul étrangle tout le monde. Il n'y a que deux mesures pour les hommes, dans ce parti-là.

S'ils sont jeunes, on les suspecte d'ambition, quand on ne les accuse pas d'émarger à la police ; s'ils sont vieux ce sont des ganaches. Mais le résultat est le même : un étranglement réciproque.

Dans le parti des triomphants, on ne s'aime pas mieux ; on s'étrangle autrement. C'est le pouvoir qui fournit les lacets. Il y en a en soie, avec des décorations au bout.

J'ai dit qu'on étranglait les idées vivantes et les hommes vivants. Mais les idées immortelles et les hommes morts, croyez-vous qu'on les épargne? Ah! mon maître! toi qui as lancé Ferragus dans le monde d'une main si puissante, pauvre Balzac, que de mauvais romans on fait en ton nom! Mais la question vaut la peine d'être étudiée à part, et j'y reviendrai ; en attendant, qu'il me suffise de dire que Balzac, étranglé par les imitateurs, par les pillards, est encore étranglé par les mains qui l'ont enseveli.

On a fait terminer ses œuvres inachevées, pour en tirer meilleur parti. On a débité ses reliques, et quand les reliques faisaient défaut, M. Rabou prêtait une côte.

———

Cette profanation a mis *en goût* les étrangleurs d'Alfred de Musset ; et alors sur la tombe de ce poëte ironique, on a battu monnaie, en battant ses œuvres, en commentant chaque sourire, en analysant chaque larme! Pour le réconcilier avec les bourgeois qui paient, on a désavoué les blas-

phèmes ; on a juré qu'il mentait dans *Rolla*,
qu'il mentait dans les *Nuits d'août*, et qu'il
était seulement sincère dans le *Songe d'Auguste*.
On n'a rien respecté de lui, pas même ses corrections. On a rétabli dans la *Confession d'un
enfant du siècle* tout ce qu'il avait jugé indigne
de la postérité ; on a mis des ficelles à tous les
pantins qu'il avait faits immobiles ; on a étranglé
pour le théâtre tout ce qui dépassait la mesure
des coulisses actuelles ; *Fantasio* a eu son dénoûment pratique ; *Carmosine* a voulu faire
recette ; et comme on avait peur que toutes ces
corrections, ces atténuations n'eussent pas suffisamment étranglé le poëte des *Contes d'Espagne
et d'Italie*, on a proclamé qu'il était avant tout
gentilhomme de bonne souche, et le premier mot
que ses héritiers disent dans l'édition définitive
de ses œuvres, c'est qu'il a son nom dans le nobiliaire de France.

Il s'agit bien de cela ! Dors-tu content, Musset, après cet étranglement aristocratique ?

—

Ce n'est pas tout.

On a inventé depuis peu un nouveau genre
d'étranglement qui fait l'amusement des enfants
et la joie des familles ; c'est l'étranglement par
l'illustration. Il s'est trouvé un Faringhea subtil,
séduisant, qui met son crayon *doré* au service
de toutes les profanations.

Voulez-vous Dante ridicule? Dante croquemitaine? Dante vu de dos? car il n'y a pas dans ce livre un seul personnage qui montre la tragédie complexe de son visage! Achetez ce volume pesant, superbe, qu'on regarde et qu'on ne lit pas.

O vieux Gibelin! ce maquillage sur ton masque de pierre est pour faire rire ceux qui s'épouvanteraient de tes tercets. Ne cherchez plus de sentences dans ce poëme, de raison de croire ou de désespérer! Les bonshommes qu'on y a mis distraient, amusent et empêchent la réflexion. Dante est étranglé.

Don Quichotte aussi. Comment? Il ne s'est pas trouvé un homme de goût, d'esprit, pour faire comprendre que Don Quichotte n'était pas un paillasse faisant la culbute, un simple grotesque; mais que le *chevalier de la triste figure* était l'idéal affolé, dans un temps qui ne le comprend plus; et qu'il fallait avoir pitié de ce champion doux, intrépide de toutes les vertus délaissées.

J'aurais voulu une inspiration sublime d'un peintre qui mît un éclair pénétrant dans cet œil dévoré par la fièvre des grandes entreprises; j'aurais voulu qu'on fît aimer au contraire, au lieu de le bafouer, ce Revenant du sacrifice.

Nous manquons de Don Quichotisme, et ce n'est pas l'excès de dévouement qu'il faut railler. Mais Barbe-Bleue est en gaieté; il veut voir gigotter les gens qu'il s'amuse à pendre, et quel délicieux pantin pour l'égoïsme, que ce pantin de l'amour, du courage, de l'honneur, de la pauvreté, du droit méconnu !

La Fontaine, à son tour, a été étranglé, mais faiblement ; les bêtes ont intercédé pour lui.

Gulliver, le pauvre, le sublime Gulliver étranglé ! Les auteurs de cette incommensurable féerie ont cru tout naïvement que le contraste d'un homme de taille moyenne voyageant parmi des poupées, ou parmi des géants, formait tout le comique du chef-d'œuvre de Swift. Ils se sont dit que ce serait drôle ; et comme ils n'ont pris que l'apparence, que le prétexte, rien n'est drôle dans leur drôlerie. Où est donc ce ministre de Lilliput qui saute par-dessus le bâton ? Où est toute la philosophie de ce conte fantasque qui avait prévu l'hippomanie actuelle, et qui finit par une société de chevaux dans laquelle l'homme est le bétail. Comment ! vous passez à côté de ces ironies, de ces leçons ? et vous ne les voyez pas ? Pauvres étrangleurs qui n'ont pu cette fois étrangler le sifflet dans la gorge du siffleur.

—

Je n'en finirais pas si je voulais faire défiler tous les étrangleurs, sans compter ceux qui se cachent dans le huis-clos du foyer domestique.

Supposez qu'une femme, séparée de son mari, se trouvant trop pauvre, et sentant en elle la vocation d'une grande artiste, veuille monter sur les planches ; tout aussitôt le mari qui l'a répudiée, reniée, intervient : — « Tu n'auras pas de génie, pas de succès ! Je te défends la gloire, même anonyme; tu végéteras, et j'étrangle ta vocation ! »

Et tout le monde applaudit; parce que le théâtre est un lieu de perdition, et qu'une femme est bien plus en sûreté, seule, dans la rue, courant après des leçons, ou se dépitant devant son foyer froid, lorsqu'elle est jeune et qu'elle peut plaire !

Passons à un autre étranglement.

Voici une actrice belle, jeune, flattant la vanité; elle est riche des libéralités de son amant; elle est mère aussi par la faute de ce dernier; l'amant ne se possède pas de joie; il a des tendresses paternelles; il élève dans la soie, dans le velours, dans les millions, l'enfant ou les enfants de sa maîtresse; il leur fait des rentes; il leur donnera plus tard un nom !

Mais un beau jour l'amant se marie; la morale lui souffle à l'oreille qu'il faut étrangler le passé; alors il se repent de ses générosités; il regarde son fils et le trouve laid; il décroche son cœur paternel en faisant décrocher les rideaux du petit lit de son enfant. — « Vite, qu'on renvoie le bambin à sa mère, je ne le connais plus ! » — Et la mère, à laquelle on supprime dons et pensions, qui n'a pas été habituée à être mère, demande aux échos ce qu'elle fera, sans rentes, de ce bâtard qui lui retombe sur les bras. Ce qu'elle en fera ? Parbleu ! qu'elle l'étrangle !

Cette histoire est-elle vraie? On la raconte, mais elle est vraisemblable, et j'en trouverais dix à ajouter à celle-là.

—

La nuit, quand vous traversez Paris désert, ne vous est-il pas arrivé d'entendre tout à coup comme un vague et immense soupir? Vous regardez dans une cave pour voir si ce n'est pas un boulanger qui geint; ou bien vous dites : C'est un écho lointain d'une voiture qui passe. — Non, écoutez mieux! C'est le râle d'un être, d'une idée ou d'une chose qu'on étrangle; car les choses ont leurs plaintes. Pour moi, voici la vision qui m'a poursuivi cette nuit.

Je rêvais, bien endormi, que la débâcle de notre société était venue, et dans ce brouillard, dans ce jour obscur qui est la clarté des rêves, j'apercevais vaguement un homme pâle, effaré, qui, les mains tendues, marchait à travers les platras, les débris, la boue de notre temps absolument liquidé; ce personnage étrange cherchait à étrangler des ombres, car il n'y avait plus de vivants; et ne trouvant rien de palpable, il portait frénétiquement les mains à sa gorge, pour s'étrangler lui-même. J'eus pitié de lui ; je me soulevai pour aller à son secours, c'est-à-dire pour l'aider à s'étrangler... et ce mouvement me réveilla.

Excusez donc ma lettre écrite sous l'inspiration d'un cauchemar. J'essaierai d'être plus gai une autre fois.

III

LA LITTÉRATURE PUTRIDE

23 janvier.

J'ai reçu, à propos de ma dernière lettre, le compliment anonyme d'un *étranglé* qui m'envoie un sonnet presque sans défaut. Je regrette de ne pouvoir le citer tout entier; il vaut mieux que le sonnet d'Oronte, et Alceste n'en blâmerait pas le tour vif et hardi.

En voici la conclusion :

> Ton article est viril et ferme, Ferragus :
> Il est beau de flétrir ce misérable abus
> De la force essayant de tuer la pensée;
>
> Mais il ne faudrait pas désespérer si tôt,
> On ne nous brûle pas pour sentir le fagot,
> Et notre honneur est sauf, si notre âme est blessée!

En êtes-vous sûr, jeune poëte, jeune rêveur, jeune étranglé, que l'honneur soit sauf! Si nous mourons de la maladie de François Ier, ce n'est pas hélas! de la maladie de Pavie. Nous ne sommes pas seulement captifs; nous sommes gangrenés.

C'est le sujet intéressant que je me propose de traiter aujourd'hui, et nous jugerons de la blessure par l'infection qui s'en exhale.

—

L'obscénité elle-même, il faut bien le dire, a sa pudeur; c'est la santé.

Mais il s'est établi depuis quelques années une école monstrueuse de romanciers, qui prétend substituer l'éloquence du charnier à l'éloquence de la chair, qui fait appel aux curiosités les plus chirurgicales, qui groupe les pestiférés pour nous en faire admirer les marbrures, qui s'inspire directement du choléra, son maître, et qui fait jaillir le pus de la conscience.

Les dalles de la Morgue ont remplacé le sopha de Crébillon; Manon Lescaut est devenue une cuisinière sordide, quittant le graillon pour la boue des trottoirs. Faublas a besoin d'assassiner et de voir pourrir ses victimes pour rêver d'amour; ou bien, cravachant les dames du meilleur monde, lui qui n'a rien lu, il met les livres du marquis de Sade en action.

Germinie Lacerteux, *Thérèse Raquin*, la *Comtesse de Chalis*, bien d'autres romans qui ne valent pas l'honneur d'être nommés (car je ne me dissimule pas que je fais une réclame à ceux-ci) vont prouver ce que j'avance.

Je ne mets pas en cause les intentions; elles sont bonnes; mais je tiens à démontrer que dans une époque à ce point blasée, pervertie, assoupie, malade, les volontés les meilleures se fourvoient et veulent corriger par des moyens qui corrompent.

On cherche le succès pour avoir des auditeurs, et on met à sa porte des linges hideux en guise de drapeaux pour attirer les passants.

J'estime les écrivains dont je vais piétiner les œuvres; ils croient à la régénération sociale; mais en faisant leur petit tas de boue, ils s'y mirent, avant de le balayer; ils veulent qu'on le flaire et que chacun s'y mire à son tour; ils ont la coquetterie de leur besogne; et ils oublient l'égout, en retenant l'ordure au dehors.

—

Je dois, en bonne conscience, faire une exception pour M. Feydeau. Ce n'est que faute d'un peu d'esprit qu'il dépasse la mesure; mais je louerais beaucoup plus son dernier roman, qui a des parties excellentes, si l'auteur n'avait l'habitude de ne laisser rien à dire à ses lecteurs, en fait de compliments, et si je ne me souvenais de la *Fille aux yeux d'or*. Quoi qu'il en soit, M. Feydeau a voulu, *voyant les mœurs de son temps*, écrire à son tour les *Liaisons dangereuses*. Il est parti d'un point de vue austère; il flétrit sans ambages les belles façons des grandes dames; il a dépeint avec une sûreté de coloris incontestable le portrait de son héroïne; mais il n'a pu se garer du défaut commun. En deux ou trois endroits il souligne trop, et on peut lui appliquer ce moyen de comparaison qui condamne les autres romanciers *trivialistes* : il lui serait impossible de mettre son héroïne au théâtre.

Remarquez bien que c'est la pierre de touche. Balzac, le sublime fumier sur lequel poussent tous ces champignons, a amassé dans madame Marneffe toutes les corruptions, toutes les infamies; et pourtant, comme il n'a jamais mis madame Marneffe dans une position si visiblement grotesque ou triviale que son image pût faire rire ou soulever le goût, on a représenté madame Marneffe sur un théâtre. Je vous défie d'y mettre Fanny; la scène principale la ridiculiserait! Je vous défie d'y mettre la comtesse de Chalis! Je vous défie d'y laisser passer Germinie Lacerteux, Thérèse Raquin, tous ces fantômes impossibles qui suintent la mort, sans avoir respiré la vie, qui ne sont que des cauchemars de la réalité.

—

Le second reproche que j'adresserai à cette littérature violente, c'est qu'elle se croit bien malicieuse et qu'elle est bien naïve : elle n'est qu'un trompe-l'œil.

Il est plus facile de faire un roman brutal,

plein de sanie, de crimes et de prostitutions, que d'écrire un roman contenu, mesuré, moiré, indiquant les hontes sans les découvrir, émouvant sans écœurer. Le beau procédé que celui d'étaler des chairs meurtries! Les pourritures sont à la portée de tout le monde, et ne manquent jamais leur effet. Le plus niais des réalistes, en décrivant platement le vieux Montfaucon, donnerait des nausées à toute une génération.

Attacher par le dégoût, plaire par l'horrible, c'est un procédé qui malheureusement répond à un instinct humain, mais à l'instinct le plus bas, le moins avouable, le plus universel, le plus bestial. Les foules qui courent à la guillotine, ou qui se pressent à la Morgue, sont-elles le public qu'il faille séduire, encourager, maintenir dans le culte des épouvantes et des purulences?

La chasteté, la candeur, l'amour dans l'héroïsme, la haine dans ses hypocrisies, la vérité de la vie, après tout, ne se montrent pas sans vernis, coûtent plus de travail, exigent plus d'observation et profitent davantage au lecteur. Je ne prétends pas restreindre le domaine de l'écrivain. Tout, jusqu'à l'épiderme, lui appartient : arracher la peau, ce n'est plus de l'observation, c'est de la chirurgie; et si une fois par hasard un écorché peut-être indispensable à la démonstration psychologique, l'écorché mis en système n'est plus que de la folie et de la dépravation.

Je disais qus toutes ces imaginations malsaines étaient des imaginations pauvres ou paresseuses. Je n'ai besoin que de citer les procédés pour le prouver. Elles vivent d'imitation. *Madame Bovary*, *Fanny*, *l'Affaire Clémenceau*, ont l'empreinte d'un talent original et personnel; aussi ces trois livres supérieurs sont-ils restés les types que l'on imite, que l'on parodie, que l'on allonge en les faisant grimacer. Combiner l'élément judiciaire avec l'élément pornographique, voilà tout le fonds de la science. Mystère et hystérie! voilà la devise.

Il y a un piége, d'ailleurs, dans ces deux mots; les tribunaux sont un lieu commun de péripéties variées et faciles, et, à une époque d'énervement, comme on n'a plus le secret de la passion, on la remplace par des spasmes maladifs; c'est aussi bruyant, et c'est aussi commode.

—

Ceci expliqué, je dois avouer le motif spécial de ma colère. Ma curiosité a glissé ces jours-ci dans une flaque de boue et de sang qui s'appelle *Thérèse Raquin*, et dont l'auteur passe pour un jeune homme de talent. Je sais, du moins, qu'il vise avec ardeur à la renommée. Enthousiaste des crudités, il a publié déjà la *Confession de Claude* qui était l'idylle d'un étudiant et d'une prostituée; il voit la femme comme M. Manet la peint, couleur de boue avec des maquillages roses. Intolérant pour la critique, il l'exerce lui-même avec intolérance, et à l'âge où l'on ne sait encore que suivre son désir, il intitule ses prétendues études littéraires : *Mes haines !*

Je ne sais si M. Zola a la force d'écrire un livre fin, délicat, substantiel et décent. Il faut de la volonté, de l'esprit, des idées et du style pour renoncer aux violences ; mais je puis déjà indiquer à l'auteur de *Thérèse Raquin* une conversion.

M. Jules Claretie avait écrit, lui aussi, son livre de frénésie amoureuse et assassine ; mais il s'est dégoûté du genre après son propre succès, et il a demandé à l'histoire des tragédies plus vraies, des passions plus héroïques et non moins terribles. On meurt beaucoup dans ses *Derniers Montagnards*, mais avec un cri d'espérance et d'amour pour la liberté ! La rage n'y est pas ménagée, mais celle-là rend doux et tolérant !

Quant à *Thérèse Raquin*, c'est le résidu de toutes les horreurs publiées précédemment. On y a égoutté tout le sang et toutes les infamies : c'est le baquet de la mère Bancal.

—

Le sujet est simple, d'ailleurs, le remords physique de deux amants qui tuent le mari pour être plus libres de le tromper, mais qui, ce mari tué (il s'appelait Camille), n'osent plus s'étreindre, car voici, selon l'auteur, le supplice délicat qui les attend : « Ils poussèrent un cri et se-pressèrent davantage afin de ne pas laisser entre leur chair de place pour le noyé. Et ils sentaient toujours des lambeaux de Camille qui s'écrasaient ignoblement entre eux, glaçant leur peau par endroits, tandis que le reste de leur corps brûlait. »

A la fin, ne parvenant pas à *écraser* suffisamment le noyé dans leurs baisers, ils se mordent, se font horreur, et se tuent ensemble, de désespoir de ne pouvoir se tuer réciproquement.

Si je disais à l'auteur que son idée est immorale, il bondirait, car la description du remords passe généralement pour un spectacle moralisateur; mais si le remords se bornait toujours à des impressions physiques, à des répugnances charnelles, il ne serait plus qu'une révolte de tempérament, et il ne serait pas le remords. Ce qui fait la puissance et le triomphe du bien, c'est que même la chair assouvie, la passion satisfaite, il s'éveille et brûle dans le cerveau. *Une tempête sous un crâne* est un spectacle sublime : *Une tempête dans les reins* est un spectacle ignoble.

La première fois que Thérèse aperçoit l'homme qu'elle doit aimer, voici comment s'annonce la sympathie : « La nature sanguine de ce garçon, sa voix pleine, ses rires gras, les senteurs âcres et puissantes qui s'échappaient de lui troublaient la jeune femme et la jetaient dans une sorte d'angoisse nerveuse. »

O Roméo! ô Juliette! quel flair subtil et prompt aviez-vous pour vous aimer si vite? Thérèse est une femme qui a besoin d'un amant. D'un autre côté, Laurent, son complice, se décide à noyer le mari après une promenade où il subit la tentation suivante : « Il sifflait, il poussait du pied les cailloux, et par moment il regardait avec des yeux fauves les balancements des hanches de sa maîtresse. »

Comment ne pas assassiner ce pauvre Camille, cet être maladif et gluant, dont le nom rime avec camomille, après une telle excitation?

On jette le mari à l'eau. A partir de ce moment, Laurent fréquente la Morgue jusqu'à ce que son noyé soit admis à l'exposition. L'auteur profite de l'occasion pour nous décrire les voluptés de la Morgue et ses amateurs.

Laurent s'y délecte à voir les femmes assassinées. Un jour il s'éprend du cadavre d'une jeune fille qui s'est pendue; il est vrai que le corps de celle-ci, « frais et gras, blanchissait avec des douceurs de teinte d'une grande délicatesse... Laurent la regarda longtemps, promenant ses regards sur la chair, absorbé dans une sorte de désir peureux. »

Les dames du monde vont à la Morgue, paraît-il : « Une d'elles y tombe en contemplation devant le corps robuste d'un maçon. La dame, — dit l'auteur, — l'examinait, le retournait en quelque sorte, du regard, le pesait, s'absorbait dans le spectacle de cet homme. Elle leva un coin de sa voilette, regarda encore, puis s'en alla. »

Quant aux gamins, « c'est à la Morgue que les voyous ont leur première maîtresse. »

Comme ma lettre peut être lue après déjeuner, je passe sur la description de la jolie pourriture de Camille. On y sent grouiller les vers.

—

Une fois le noyé bien enterré, les amants se marient. C'est ici que commence leur supplice.

Je ne suis pas injuste et je reconnais que certaines parties de cette analyse des sensations de deux assassins sont bien observées. La nuit de ces noces hideuses est un tableau frappant. Je ne blâme pas systématiquement les notes criardes, les coups de pinceau violents et violets; je me plains qu'ils soient seuls et sans mélange; ce qui fait le tort de ce livre pouvait en être le mérite.

Mais la monotonie de l'ignoble est la pire des monotonies. Il semble, pour rester dans les comparaisons de ce livre, qu'on soit étendu sous le robinet d'un des lits de la Morgue, et jusqu'à la dernière page, on sent couler, tomber goutte à goutte sur soi cette eau faite pour délayer les cadavres.

Les deux époux, de fureur en fureur, de dépravations en dépravations, en viennent à se battre, à vouloir se dénoncer. Thérèse se prostitue, et Laurent, « dont la chair est morte, » regrette de ne pouvoir en faire autant.

Enfin, un jour, ces deux forçats de la Morgue tombent épuisés, empoisonnés, l'un sur l'autre, devant le fauteuil de la vieille mère paralytique de Camille Raquin, qui jouit intérieurement de ce châtiment par lequel son fils est vengé.

Ce livre résume fidèlement toutes les putridités de la littérature contemporaine.

A la vente de ce pacha qui vient de liquider sa galerie, tout comme un Européen, M. Courbet représentait le dernier mot de la volupté dans les arts, par un tableau qu'on laissait voir, et par un autre suspendu dans un cabinet de toilette qu'on montrait seulement aux dames indiscrètes et aux amateurs. Toute la honte de l'école est là dans ces deux toiles, comme elle est ailleurs dans les romans : la débauche lassée et l'anatomie crue. C'est bien peint, c'est d'une réalité incontestable, mais c'est horriblement bête.

Quand la littérature dont j'ai parlé voudra une enseigne, elle se fera faire par M. Courbet une copie de ces deux toiles. Le tableau possible attirera les chalands à la porte; l'autre sera dans le sanctuaire, comme la muse, le génie, l'oracle.

IV

LES ÉPICURIENS DU CURE-DENT

30 janvier.

On rencontre à l'heure du repas, sur les boulevards, des gaillards bien heureux de vivre! Ils se promènent devant Tortoni, ou devant le café Anglais, leur figure rougie par le meilleur sang de la terre, et leur estomac ballonné, sur lequel repose leur conscience, comme un pacha sur des coussins.

A cette heure-là, ils saluent tout le monde : salut du regard, qui décoche des traits de flamme, salut de la main qui semble bénir.

Quant au chapeau, c'est le couronnement de l'édifice, le seul couronnement d'ailleurs qui soit octroyé aux Français; il ne doit pas bouger; il adhère au cerveau comme la majorité adhère au ministère, avec aplomb, avec suffisance; et malheur au passant qui oblige le sybarite à se décoiffer pendant une minute!

Ces Pangloss de l'après-midi ont une trompette pour annoncer à la *ville* et au *monde* qu'ils ont mangé avec délices, qu'ils digèrent avec volupté et qu'ils sont dans les meilleures dispositions pour trouver que tout est aimable, entre le macadam et le firmament. Cette trompette, c'est le cure-dent, pauvre petite plume impuissante à écrire et plus éloquente dans la mâchoire que dans la main de certains écrivains! Le cure-dent, c'est le couplet de la fin, le remercîment au bonheur, le défi suprême au public; c'est l'ironie et c'est le mensonge.

Pour deux sous chacun a une collection de trompettes. Le cure-dent en dit beaucoup plus et coûte moins cher que le cigare; à moins de faire provision de londrès chez ses amis, on fume un tarif; mais le cure-dent, c'est l'égalité du luxe, c'est le niveau, c'est la fatuité des repas mise à la portée de tout le monde.

—

Hélas! si vous les aviez suivis depuis un quart d'heure, les épicuriens du cure-dent, qui semblent des habitués du Café-Riche, de Tortoni, de la Maison-d'Or, vous les auriez vus sortir, les uns de leur maison, où la femme de ménage, qui est souvent la femme, ramasse autour de leur unique assiette les mies de pain qui n'ont pas trempé dans leur œuf à la coque ; les autres, de quelques restaurants ténébreux, comme on en trouve aux environs des endroits de luxe. Si l'on pouvait entrer avec un masque dans les établissements de *Bouillon Duval*, plus d'un de ces héros au cure-dent fastueux réaliserait son rêve !

Mais le Bouillon Duval est encore un tarif, et il n'en faut pas à ces spéculateurs de la vanité. Alors ils se résignent ; ils mangent, les yeux fermés, des plats immondes, qu'ils digèrent les yeux grands ouverts et écarquillés ; et en rasant du coude ou du regard les maisons célèbres que les sénateurs seuls peuvent fréquenter, ils semblent emprunter un dessert au voisinage de ces établissements, et ils parfument leur digestion douloureuse des bouffées qui s'échappent des cuisines.

Rastignac, Lucien de Rubempré, de Marsay et moi-même, nous avons tous connu cette misère, cette hypocrisie, et je n'en parlerais pas si je devais ne parler que d'elle.

—

Mais le monde moral est plein d'épicuriens à bon marché qui mentent au respect, à l'estime, et qui, semblant toujours mâcher le cure-dent d'une digestion heureuse, nous font envie quand ils devraient nous faire pitié. Ils sont infinis ces voleurs de fumets ; on les heurte partout, dans les journaux, dans les Chambres et dans les antichambres, dans les ministères, dans les théâtres, dans toutes les coulisses, sur tous les trottoirs.

Ceux qui sont édentés ont remplacé le cure-dent par des petits rubans bariolés à la boutonnière ; vous les reconnaissez à leur aplomb, à leur audace, à leur façon de faire taire les autres, de crier au scandale, quand on les méprise, et au scandale encore, quand on ne les insulte pas.

Fruits secs éternels, mais ambitieux infatigables, ils ne sont rien et ils sont tout. Ils jugent, ils tranchent, ils rognent, ils émargent aussi, mais chichement. D'ailleurs tous ne sont pas des parasites, et il y en a d'indépendants : ce sont les plus insupportables, car leur indépendance est un cure-dent gigantesque avec lequel ils ne jouent plus seulement de la trompette, mais du trombone.

—

Le type de ces épicuriens du cure-dent, n'est-ce pas cet homme envié, choyé, considéré, qui avait toutes les décorations, et qui s'est éteint, repu, dans la ouate d'une amitié universelle, sans avoir mérité, autrement que par sa suffisance d'esprit et son insuffisance de valeur morale, la chance qui l'a comblé ?

Le docteur Véron, bon homme, aimable compagnon, fier d'être bourgeois, démesurément avide de renommée, ayant fait fortune par des œuvres qu'il avait refusées, par des pâtes qu'il n'avait pas inventées; le Bajazet d'une Roxane qui s'était détrônée pour lui; l'homme politique sans parti, le directeur de journaux sans boussole, le député anacréontique du bal de Sceaux, qui a triché la gloire, sans avoir été ni un savant, ni un directeur habile, ni un écrivain, ni un bel homme, ni un homme à conviction, ni même un épicurien; le docteur Véron qui pesa dans les choses littéraires et dans les choses de table, et qui n'a laissé ni une bibliothèque, ni une cave, est bien le type de ces poussahs de l'orgueil, faiseurs d'embarras, incapables et tout-puissants.

Le bonhomme est mort, il n'a fait de mal à personne, c'est son seul bienfait; mais il a laissé des héritiers, ou plutôt des singes de ses singeries qui se taillent et se partagent ses cure-dents.

Je connais un gourmand qui n'a pas trois mille livres de rente et qui ne double pas cette somme par ses confidences diplomatiques aux journaux, et qui, cependant, n'est satisfait que quand il mange des asperges à 500 fr. la botte, en hiver; encore faut-il les lui servir de certaine façon, à ce qu'il raconte. Il est au mieux avec tous les ministres; on l'a consulté sur le dernier emprunt; il sait comment finira la question romaine; mais le pauvre homme ne sait pas comment finira la question de son budget.

Un autre épicurien politique, mais exotique celui-là, se plaint qu'on ne le reconnaisse pas dans les articles de MM. Tel et Tel, et voudrait laisser croire que Minerve en personne, ou M. de Bismark ou l'ombre de Talleyrand, a dicté ses propres articles. S'il parle, c'est pour rendre un oracle ; s'il se tait, son silence devient un événement public ; il se fait tailler ses plumes, mais essuie l'encre que ses collaborateurs y mettent, et se fait des cure-dents prodigieux de l'outil des autres.

Et M. Darimon, ce joli petit député que Paris a nommé, pour payer son abonnement au journal la *Presse*, et qui fait de l'importance comme il a fait de l'économie politique, du socialisme, de la littérature : épicurien du cure-dent de Proudhon !

Et cet autre (j'allais dire cette outre) gonflé de tempêtes, qui a fait du bruit sous tous les régimes, créature de M. Guizot, flatteur de M. Rouher, ennemi de tout le monde, faux romantique, faux historien, faux journaliste, vrai gascon ? Ne sont-ce pas là des gens satisfaits d'eux-mêmes à bon compte ?

Les journaux regorgent de ces épicuriens du cure-dent, nés pour médire et bruire, qui n'ayant jamais tenté un livre, une œuvre, un travail de courage et de conscience, rient de tout, blaguent tout, abaissent tout, excepté leurs appointements, et font la coalition des diseurs de riens contre les chercheurs de choses.

Viveurs malheureux, se repaissant des *quatre mendiants* de la politique, des livres du monde et du théâtre, ils ne sont pas tous responsables de leur nullité fière.

—

Si nous avions la liberté, ces frelons disparaîtraient emportés par le courant d'air; en attendant ils bourdonnent, ils frétillent, ils font croire à la vie, ils donnent l'illusion du mouvement. Critiques par besoin de produire et parce que la critique est le procédé le plus facile pour attirer l'attention, ils mettent à la portée des imbéciles et même des gens d'esprit des formules mêlées d'argot, pour servir de cure-dent à d'autres inutiles.

Il faut les entendre les soirs de première représentation! Blasés, bâillant leur prose, quand ils croient bâiller, en écoutant celle de l'auteur, ils se creusent la cervelle pour trouver un dénigrement ingénieux qui les venge du succès probable de la pièce, ou les fasse profiter de sa chute.

Il y en a de ces épicuriens à tous les étages du journalisme; des vieux qui vivent de leur paresse depuis trente ans; des jeunes qui s'imaginent devenir forts en devenants violents, qui érigent l'ingratitude en principe, et qui écrivent souvent avec les cure-dents de la table qui les a nourris, se faisant gloire d'insulter leurs hôtes?

Et les hommes politiques officieux, les gens qui veulent avoir une influence en ayant un salon, épicuriens de la tasse de thé diplomatique?

Et les conspirateurs, qui vont offrir tous les trois mois la couronne au comte de Paris, commis-voyageurs en Constitutions, qui ont toujours l'air de revenir de Londres en revenant des bains de mer?

Et les courtisans de plus en plus rares du comte de Chambord, qui se compromettent chez le papetier Jeanne?

Et les révolutionnaires didactiques, maquillés du rouge de Marat, du blanc de Robéspierre, qui parlent des ides de Mars, comme Malbrough parle de la Trinité, et qui agitent des fourreaux vides pour ne dégaîner que des rengaînes?

Et la Société des gens de lettres?

Et l'Académie?

Et les épicuriens des conférences, tous ces faiseurs de phrases sans style, ces pianistes de la parole.

L'énumération ne finirait pas. Comme il s'agit de vanité, n'oublions pas ces dames.

———

Le premier cure-dent date de la première pomme. Comment raconter, sans léser la galanterie, tous les mensonges du faux luxe, de l'apparat, de la misère ruolzée?

Je connais des Parisiennes qui, le matin font elles-mêmes les cuivres de leurs serrures, et qui, le soir, sonnent nonchalamment un domestique d'emprunt pour ramasser leur mouchoir tombé à terre.

Croyez-le, et je m'y connais, moi qui vis masqué parmi des visages, peints comme des masques, après les défaillances et les violences de ce temps-ci, une des plaies sérieuses, c'est précisément cette cohue de gens affairés qui n'ont de mandat de personne, qui touchent à tout, qui ne sondent rien, qui usurpent, distraient, fatiguent, rassasient, usent l'attention, qui dégoûtent de tous les partis, qui énervent toutes les bonnes volontés, et qui, sous les regards des affamés de justice, des impatients de liberté, mâchent imperturbablement le cure-dent de leur orgueil, en vous disant avec des clignements d'yeux :

— N'êtes-vous pas content, puisque je le suis?

Ou bien :

— Patience! patience! Cela marche!

Amuseurs, endormeurs, magnétiseurs, exploiteurs, épicuriens du cure-dent, quand donc avouerez-vous franchement votre misère et votre appétit? Grimacer la satiété, lorsque les entrailles se tordent, c'est le dernier degré du faux courage et de l'outrecuidance. Se maquiller sur le radeau de la *Méduse*, n'est-ce pas, je vous le demande, se rendre moins dignes d'être sauvés par le navire lointain qui pointe à l'horizon?

V

LA LITTÉRATURE SAINE

20 février.

Le Cahier bleu de mademoiselle Cibot,
par Gustave Droz.

Quand je prétendais qu'on pouvait écrire honnêtement, délicatement, pour les femmes honnêtes, chastes, délicates, des romans aussi forts d'intention que les romans putrides, et quand je disais que l'art consistait, non pas à tout dire, mais à laisser tout deviner, je ne me doutais pas que le hasard me fournirait, le lendemain même de mon argumentation, une preuve décisive; et le livre que je demandais à M. Zola, qui ne l'écrira jamais, m'arrivait de la part de M. Gustave Droz.

Le *Cahier bleu de mademoiselle Cibot* a précisément assez d'analogie avec *Thérèse Raquin* pour que je montre comment, avec un esprit d'analyse qui met de l'analyse dans l'esprit et de l'esprit dans l'analyse, on arrive à des effets tragiques sans soulever le cœur, à des émotions poignantes sans nausées.

Les sujets ont entre eux beaucoup de ressemblance. Il s'agit encore d'une jeune femme comprimée, ardente, non mystique, ayant des muscles, de la chair, voulant aimer et devenant la proie d'un mari malade, antipathique, odieux. Un beau jour, le devoir répugne à mademoiselle Cibot comme à mademoiselle Thérèse; l'amant se présente, c'est-à-dire l'inconnu. On tombe dans ses bras; on y rêve l'infini, c'est-à-dire le veuvage. Si la dame au cahier bleu ne fait pas noyer son époux, elle le tue, du moins, par un envoûtement continu; elle le foudroie de sa faute, et, le mari mort, elle se sent gênée de sa liberté comme Thérèse.

Elle aussi, elle rêve le suicide; on la retrouve à la Morgue, et c'est là le dénoûment.

—

Mais si le point de départ et le point d'arrivée sont les mêmes dans les deux livres, quelle différence dans l'exécution!

Je vais analyser le volume de M. Droz, ce sera la variation de ma dernière réplique à M. Zola.

Adèle est la fille d'un pauvre sous-préfet,

comme il n'y en a plus sous l'Empire, timide, embarrassé, soumis à sa femme, vivant dans sa misérable sous-préfecture, tandis que madame la sous-préfète Cibot, pour mieux solliciter sans doute, reste continuellement à Paris.

Adèle tient compagnie à son père. L'enfant est rêveuse, méditative, aimante sans être aimée.

Elle ne va pas se jeter à plat ventre dans les prés pour étreindre la terre, ce qui est pour les jeunes personnes, même les plus précoces, un moyen assez extraordinaire de manifester leur ardeur; elle aime follement sa poupée, ce qui est plus vraisemblable, plus naturel, plus commode et plus propre.

Quand il lui faut venir à Paris avec sa mère, Adèle emporte des souvenirs de la sous-préfecture : deux coquillages et une mèche de beaux poils longs et doux, qu'elle a coupés sur le cou de Sultan, le grand chien, et l'auteur dit avec vérité, comparant les enfants aux grandes personnes :

« Le regret est amer dans le cœur des enfants. Les chers petits sont faits pour espérer, non pour se souvenir, et lorsque la crainte du lendemain les oblige à tourner la tête, ce n'est que le cœur bien gros qu'ils regardent en arrière. »

Cela n'a l'air de rien, cette petite réflexion ; eh bien! c'est toute la philosophie de la jeunesse. Malheur aux parents qui sèchent l'espérance dans le cœur des enfants! C'est comme les gouvernements qui se refusent à la liberté : on ne les estime pas, on ne peut pas les aimer ; on devient ingrat envers eux par honneur.

L'histoire d'Adèle est aujourd'hui l'histoire de bien des petites Parisiennes, et M. Droz a la qualité des romanciers de mérite, qui ne font jamais une exception, mais qui rattachent leur personnage le plus original à l'humanité par des traits généraux.

Les monstres ne prouvent rien que la difformité de l'imagination qui les invente ; et j'appelle monstres toutes les créations qui, à côté de leur sens particulier, n'ont pas de sens général. Thérèse est un monstre, Adèle Cibot est une créature vraie, parce qu'elle n'est pas excentrique. Or, sans faire de paradoxe, je pourrais poser en principe que ce qui est profondément humain n'est jamais ni usé ni banal, et que ce qu'il y a de plus commun au monde, c'est la manie de l'extraordinaire et de l'impossible.

—

Nous la connaissons tous, cette pauvre petite Adèle. C'est la fille grandissante d'une maman coquette, rendue féroce par cette coquetterie même. Les rides font à Paris plus de marâtres que toutes les passions réunies ! Ah ! si les murs des dortoirs pouvaient dire leurs secrets, combien de larmes versées par des petites orphelines qui ont encore leur père et leur mère, mais un père faible et indifférent, et une mère implacable !

—

Adèle est mise en pension ; elle a moins de poupées à embrasser, mais à l'âge où le cœur s'éveille et prend des ailes, elle veut se jeter dans les bras et au cou du bon Dieu. Thérèse Raquin n'a sans doute pas fait sa première communion. Adèle fait la sienne, et l'auteur note avec sensibilité, avec esprit, avec une pointe voltairienne qui scintille au milieu des larmes, les angoisses de cette petite conscience à son premier examen, les joies de la pureté, les triomphes d'une contrition parfaite.

Riez de ces détails ! pour moi, je les aime ; et il n'est pas permis d'entreprendre l'histoire des idées d'une jeune femme, sans noter cette heure délicieuse qui est la première initiation de l'âme féminine au sentiment.

Je ne crois pas M. Droz d'un catholicisme intolérant. Il a une façon de railler les sermons, qui garantit les libres allures de sa pensée. Mais il est un observateur trop exact, trop minutieux ; il a une délicatesse trop raffinée, pour ne pas raconter dans l'histoire d'une femme vivant pour aimer, et mourant d'amour, ces fiançailles de la vierge qu'on appelle la première communion.

Voici comme il fait décrire par son héroïne les ivresses de la pureté :

« Tout était changé autour de moi, on se regardait avec une sorte de mélancolie dont les âmes qui sont à Dieu peuvent seules ressentir le charme; c'est un charme voisin de la béatitude qui n'est point de ce monde. Je n'osais plus faire un mouvement de peur de me souiller, j'étais comme quelqu'un qui marche, portant à la main un verre plein jusqu'aux bords, et je m'enfonçais dans mon innocence, comme on s'entortille dans son manteau, quand le vent commence à souffler. A chaque instant je me disais : Si je mourais maintenant, j'irais au ciel. J'aurais été sûre d'une mort peu douloureuse, que je l'eusse souhaitée de tout mon cœur. »

Je ne sais ce que penseront les réalistes de cette sensation dépeinte; mais tant qu'il y aura dans la jeunesse une heure de foi, de piété, une ardeur pour vouloir le bien, une aile pour s'élancer hors de ce monde, une réflexion pour s'enorgueillir du pardon reçu : tant qu'il y aura une pudeur de l'âme, une sensualité secrète pour ce qui est immatériel et divin dans notre humanité, il faudra applaudir à des lignes comme celles-là qui peignent si justement les miroitements de la pensée des enfants.

—

Adèle Cibot entre donc dans la vie comme toutes les jeunes filles de son âge. Elle a une mère qui l'habille et qui lui a fait donner de l'instruction. Est-ce que cela ne suffit pas selon la loi mondaine ? C'est ici que le roman s'élève, et qu'il n'est pas besoin de hausser le ton, pour toucher du fond des petites questions enfantines aux grandes questions sociales.

Adèle a puisé de l'amour idéal dans sa première communion ; les récits d'une brave ouvrière dont elle envie, dit-elle, la bonne santé morale, lui révèlent les joies et les devoirs du ménage et de la maternité !

Cet épisode de la couturière qui, tout en taillant ses robes, tout en rafistolant les toilettes fanées de madame Cibot, raconte l'épouvante que lui a donnée la maladie de son enfant atteint du croup, cet épisode est un tableau de maître.

Je ne veux pas le citer tout entier, mais je l'écorne pour en donner un fragment. Moquez-vous de moi, monsieur Zola, c'est la page sur laquelle j'ai pleuré.

La couturière *épingle* ses morceaux, et dit :

« Vous verrez plus tard comme c'est commode de ne pas aimer ses enfants. C'est la peine, mais c'est la joie aussi. Ah ! il aurait été bien reçu celui qui m'aurait dit : N'aime donc pas tant ton galopin, grosse bête, ça va te donner des crampes d'estomac. Ah ! oui, il aurait été bien reçu !

« Quand je tenais sur mes genoux le pauvre petit plus qu'à moitié mort, cherchant de ses pauvres lèvres bleuies l'air qui ne pouvait plus entrer!... Sa figure aussi était bleue, et ses mains blanches comme un cierge... Que voulez-vous, on sentait que l'intérieur ne voulait plus marcher? Et cependant il avait toujours ses deux grands yeux énormes fixés sur moi... c'était comme s'il m'avait sucé le cœur.

« Je lui souriais toujours, bien sûr, mais je n'y voyais plus à cause des larmes que je ne voulais pas essuyer devant lui, et que j'essayais d'avaler. Elles sont diablement salées ces larmes-là, mademoiselle Adèle.

« Mon pauvre homme était là, à genoux devant le petit; il lui chantait un air qui l'avait fait rire dans le temps.

« A certains mots de la chanson qui lui rappelaient une idée drôle, le pauvre petit soulevait les deux coins de sa bouche, et ses joues se gonflaient un peu sous les yeux : on voyait qu'il riait encore, comme à distance, de loin. Notre enfant n'était plus là, voyez-vous, il était comme derrière un voile...

« Tenez, je ne peux pas seulement penser à cela sans pleurer, excusez-moi! »

—

Que dites-vous du tableau? Remarquez bien qu'il a son réalisme; mais au lieu de nous décrire seulement les ravages extérieurs, les contractions des muscles, les tressaillements des fibres, M. Droz nous montre toujours le lointain de la vie, l'âme qui va agoniser dans ce pauvre petit corps; il sanctifie ainsi les émotions qu'il donne.

Adèle se marie. Elle fait le mariage que nous voyons passer tous les jours; elle épouse, pour en finir avec ses débuts dans le monde, pour débarrasser sa mère, pour connaître un intérieur, un foyer, pour placer ses joies économisées, son amour en épargne, pour être femme, pour être mère, pour aspirer au devoir; elle épouse l'homme qu'on lui présente et qu'on lui dit d'épouser; mais quel réveil le lendemain, le soir même de ses noces!

Je voudrais que toutes les mères qui n'ont aucun souci de l'avenir de l'homme auquel elles jettent leurs filles, et qui commettent cette impiété de s'affranchir de la maternité en exposant la jeunesse, la beauté de leurs enfants, à cette Morgue des vivants qu'on appelle le mariage; je voudrais que toutes les mères qui ne s'expliquent pas ensuite les adultères, les séparations, les meurtres moraux ou réels, les suicides en effigie du ménage, pussent lire et comprendre ce chapitre de la nuit des noces!

Tout y est, et pourtant avec quelle discrétion chaste, sans pruderie, l'auteur raconte le cauchemar du devoir! Il n'insiste pas, il effleure. « La honte est comme la boue, il ne faut pas la remuer au fond du verre. »

Pauvre Adèle! comme elle se garde bien de

boire la boue dont se délecte avec une ironie si brutale cette affolée de Thérèse Raquin !

Le mari d'Adèle Cibot est un monsieur médiocre, ingénieux, tatillon, maladif, qui songe à tout, qui prévoit tout, qui prend des précautions pour tout, qui a peur des courants d'air; économe et rangé, mais d'une économie navrante, d'un ordre qui glace la vie. On voit le supplice. Adèle se courbe sous son fardeau. Un air vif et libre, une bouffée de printemps, un parfum d'amour l'asssaille tout à coup. Elle se trouve à la campagne avec un ami de son mari, beau, séduisant, discret, qui la plaint, qui la conseille, qui lui offre sa pure amitié.

Il n'y a pas là d'attraction brutale; les mensonges ordinaires de la faiblesse humaine couvrent le piége. Adèle lutte, croit lutter, elle résiste à l'éblouissement; mais son intérieur chétif, mesquin, devient pauvre, misérable, horrible à voir. Son mari se ruine; elle vend ses bijoux pour le soigner, elle va tendre la main à sa mère; et ici se place une scène superbe qui se joue souvent à Paris dans le quartier des élégances trompeuses.

Adèle a quitté sa demeure ruinée ; elle vient réclamer à ses parents la rente qui lui est due par son contrat, mais sa mère refuse de payer, et voici comment cette pauvre mère accueille cette pauvre fille :

« Ma mère était plongée jusqu'au cou dans

un bain laiteux et parfumé. Elle tenait en l'air avec mille précautions coquettes une grappe de raisin qu'elle dégustait grain à grain; du reste, l'œil calme, le teint frais, la peau nette, brillante, quoique un peu tendue et molle comme il arrive à toutes les jeunes femmes qui frôlent la cinquantaine. Il était clair cependant, en dépit de cette peau tendue, que, depuis mon mariage, ma mère rajeunissait à vue d'œil.

« — Tu vois, fit-elle, en me montrant la grappe de raisin, je suis au régime; le docteur m'ordonne les rafraîchissants. Marie, baissez donc ces rideaux; on est ici comme chez un photographe. »

Je trouve cette entrevue formidable. Cette fille jugeant sa mère au bain, et enviant cette grappe de raisin qui représente le dernier morceau de pain de son ménage, c'est le sarcasme parisien dans son élégance la plus féroce.

Adèle quitte navrée la maison de sa mère; elle rentre chez elle pour trouver son imbécile de mari dépensant son dernier sou à se traiter par un appareil électrique. Alors Adèle, entre cette mère coquette et ce mari maniaque, victime de ces deux égoïsmes, songe au protecteur, à l'ami. Elle le rencontre, elle l'écoute, elle le suit, elle succombe.

« Quand le cœur d'une femme est resté vide trop longtemps, qu'il ne s'est point empli lentement, goutte à goutte, des saines tendresses de la famille, il arrive un moment où le flot du dehors l'envahit tout à coup. Vingt ans de douce affection se résument alors en un baiser qui ressemble à un coup de foudre, et la maison s'écroule. »

Le contraste de la poésie de cet amour adultère avec la trivialité du ménage est merveilleusement établi pour le châtiment d'Adèle. Un jour, son mari mourant apprend tout, voit tout. Alors ce spectre hideux, qui emprunte à la mort une majesté sinistre pour affirmer son droit, maudit cette femme, dont il n'a pas su faire une femme honnête, c'est-à-dire une femme heureuse; il meurt, et Adèle étourdie, terrifiée, s'imagine que l'amour la guérira de son propre mépris; mais son amant redoute son veuvage et voudrait bien ne pas trop s'enchaîner à elle. Abandonnée, n'ayant aucun devoir qui l'attache, aucune affection légitime qui la retienne, elle court à la Seine et s'y jette.

—

Son père, le pauvre sous-préfet, va reconnaître son cadavre dans ce lieu que M. Droz ne nomme même pas, tant il trouve inutile de s'appesantir sur les détails ignobles que M. Zola croit indispensables; et c'est ainsi que se termine ce roman, qui a toutes les audaces et toutes les délicatesses, qui a le secret d'être lu par tout le monde, qui mêle le sentiment à l'autopsie, qui ne faiblit jamais, et qui, sensuel comme la réalité, est idéal comme l'infini des rêves humains.

J'ai tenu à le signaler, parce qu'il est d'un écrivain et d'un artiste; parce qu'il me sert à prouver que je ne hais pas systématiquement les analyses profondes, quand elles sont faites avec goût, et les trivialités, quand elles servent d'antithèses aux sublimités enfouies dans l'existence la plus bourgeoise.

Ne laissons jamais dire, écrivains d'une génération démocratique, qu'il n'y a plus de poésie dans l'humanité, et qu'on ne peut être vrai sans être brutal et cynique. Ce serait calomnier l'art qui ne s'interrompt pas et qui agrandit tous les jours son domaine sans changer les conditions ni les règles du bien.

VI

UN CONTE POUR LA JEUNESSE

26 février.

Il y avait une fois un peuple très-beau, très-bon, très-riche et très-spirituel. Il avait tant d'esprit qu'il finissait par manquer de fonctionnaires, et qu'on n'eût pas trouvé dans toute l'étendue du royaume un homme pour proposer une loi contre la presse, c'est-à-dire contre l'esprit.

Je dis royaume, comme je dirais république, stathoudérat ou n'importe quoi, car on n'a jamais pu savoir au juste quel était le gouvernement modèle de ce peuple ingénieux et raffiné, qui a complétement disparu de la surface du globe. Ce que je raconte s'est passé il y a longtemps, bien longtemps, avant l'invention des fusils Chassepot pour moraliser les foules, et l'invention des culottes courtes pour moraliser les hommes d'État.

—

Ce peuple comme on n'en voit plus n'était pas arrivé du premier coup et sans effort à la possession de l'esprit. Il avait cherché pendant des siècles, ou plutôt il s'était fié à des charlatans qui cherchaient pour lui. Cela lui coûta beaucoup de sang, beaucoup d'argent et beaucoup de gouvernements. A la fin, ayant épuisé tous les orviétans connus, tous les moyens d'éducation, de dépravation ou d'ignorance ; après avoir sauté des genoux de l'Église aux bras de l'État, et réciproquement ; après avoir usé des philosophes, abusé des jésuites et demandé inutilement des augures à tous les volatiles sacrés, aux oies, aux poules, aux coqs, aux aigles, non moins qu'aux fleurs pures comme le lis et modestes comme la violette, il découvrit un matin que l'esprit venait aux peuples comme il vient aux filles, par le cœur et l'amour. Dès lors ce peuple galant se trouva le peuple le plus spirituel de l'univers, parce qu'il en fut le plus aimable et le plus aimé.

—

On commença à faire des folies pour lui. C'était, d'un bout du monde à l'autre, depuis Pontoise jusqu'à Pékin, depuis la Corse jusqu'à Sainte-Hélène, à qui voudrait régner sur ce peuple charmant qui régnait sur les autres peuples. Les prétendants étaient aussi chauds que ceux de Pénélope; on les mettait d'accord en les faisant travailler à la tapisserie, je veux dire en leur faisant refaire le lendemain l'ouvrage démonté la veille, en les encourageant et en les employant chacun à son tour.

Ce système fort habile, et qui substituait l'évolution à la Révolution, est resté sous le nom de *roulement* dans la coutume de quelques nations policées, c'est-à-dire policiennes; on l'emploie pour varier les plaisirs et les traitements de la magistrature.

Pendant plusieurs siècles, ce peuple dut *au roulement* du pouvoir une intensité de vie et de santé qui le développa singulièrement. Il avait adopté quatre ou cinq familles de prétendants, et chaque dynastie, appelée par le vœu des populations, venait faire son temps. Quand le temps était fini, le vœu des mêmes populations reconduisait jusqu'à la frontière la dynastie lassée et en ramenait une autre qui passait pendant le même temps par la même épreuve.

C'était un peu fatigant pour les tapissiers de la Couronne; mais c'était bien avantageux pour les faiseurs de cantates et pour les gens que leur inutilité, que leur absence de vocation spéciale, réservait aux fonctions publiques. Ils renouvelaient leurs offres de service, leurs serments, leurs courbettes, et la capacité de leur appétit faisait bien préjuger, pour leur gloire, de la capacité de leurs cerveaux.

—

Quant au peuple, pour qui et par qui ces changements s'opéraient, il s'en amusait prodigieusement. Ses comédies les meilleures, ses satires les plus fines, ses caricatures les plus drôles, ainsi que ses poëmes les plus épiques et les plus lyriques, dataient toujours de ces restaurations; d'où est venue l'habitude d'appeler *restaurants* les endroits où l'on va se mettre en goguette.

Afin de rendre plus faciles ces changements de dynastie, on avait soin de conserver dans le gouvernement nouveau quelques-uns des hommes qui avaient servi ou trahi le gouvernement ancien. De cette façon, les habitudes des bureaux se perpétuaient, et la tradition des mauvais conseils ménageait toujours au pouvoir une occasion salutaire de sentir sa faiblesse et de s'avouer à lui-même qu'il était périssable. Le souverain qui s'en allait, et qui pouvait revenir, ne gardait pas une rancune indéfinie à ceux qui l'avaient fait tomber et qui pouvaient le faire remonter. Une sainte confiance dans la trahison maintenait les sentiments des divers partis en équilibre, et chacun attendant ou espérant son heure, n'avait aucune hâte de devancer la justice du peuple, autrement dit de sonner la cloche du dîner avant que la table du festin ne fût servie.

Dans cet heureux temps et dans cet heureux pays, la raison du plus fort, qui était la raison du peuple, était toujours la meilleure; quant à la raison d'État, on ne la connaissait pas: on ne s'abusait point avec des mots, et il ne venait jamais à la pensée d'un stathouder nouvellement élu de parler de légitimité ni de droit divin. Il savait, comme le premier venu, qu'il n'y a de légitime au monde que la liberté, et qu'il n'y a de divin que Dieu !

—

Ce mécanisme breveté par le peuple, mais sans garantie pour les gouvernements, travailla avec une régularité parfaite jusqu'au jour où la Providence de ce temps-là, qui avait aussi beaucoup d'esprit, fut jalouse et trouva qu'on se passait d'elle.

Elle envoya un messager sur la tournure duquel je manque de renseignements, et un message dont le texte n'a pas été conservé, pour offrir à ce peuple une fusion avec le paradis et un contrat avec l'Éternité. Dans ce temps-là, on n'était pas blasé sur les annexions. Le peuple le plus spirituel de la terre n'avait aucune raison de s'en défier; il accepta les offres de la providence, et il fut doté immédiatement d'un gouvernement parfait, magnifique et pas cher, qui se proclama la paix du monde et qui la fut; qui ne tua, n'étrangla, ne blessa, ne ruina, ne déporta personne; d'un gouvernement comme on n'en avait pas encore vu et comme on n'en verra plus; d'un gouvernement silencieux qui laissait parler les autres; qui payait ses dettes et ne manquait pas à sa parole; d'un gouvernement après lequel il n'y avait plus qu'à tirer l'échelle, même l'échelle de Jacob!

—

Ce fut pour cette nation une ère fantastique de liberté, de sécurité, de moralité, de prospérité. Personne n'était plus soldat, mais tout le monde savait lire ; et, comme la lecture engendre l'émulation, le désir de s'instruire, on lisait plutôt les bons livres que les mauvais. Les journaux, ayant le droit de tout dire, n'en abusaient pas de peur de fatiguer leurs lecteurs les gens d'esprit, et, comme chacun s'efforçait d'être honnête, la vie privée n'était pas plus murée que la vie publique, nul n'ayant intérêt à cacher ses actions. Point de sot orgueil, et par conséquent point de sotte distinction ! On faisait une croix sur le dos des malhonnêtes gens pour qu'on les reconnût; mais on ne mettait pas de croix sur la poitrine des gens honnêtes, qu'on saluait pour leur honnêteté. Plus de parjures ! on les avait adroitement supprimés en supprimant le serment.

Il fallait bien une ou deux Chambres pour exercer les citoyens à l'éloquence, qui est une forme nécessaire de l'esprit : mais il ne fallait ni intimidation, ni obsession, ni protection, pour obtenir un mandat de législateur.

On discutait dans ces Chambres, on ne s'y disputait pas. Chacun votait pour soi, nul n'escamotait le vote de son voisin et n'altérait le scrutin. Il suffisait d'avoir failli être arrêté comme faux témoin et de ne pas jouir pleinement de l'estime de ses contemporains pour être à jamais inéligible. On ne s'appelait honorable que quand on s'honorait réciproquement, et il était inouï d'entendre un membre du *conseil des jeunes* ou du *conseil des anciens* reprocher à un de ses collègues d'avoir vendu sa conscience, sa plume ou sa parole.

—

On faisait des lois comme des routes, pour que chacun pût y passer, à pied ou en voiture. Mais on ne faisait des lois que pour les choses qui tombent sous les sens. L'esprit, l'intelligence, la parole, la pensée, l'intention, l'impalpable, échappaient aux législateurs.

On punissait sévèrement les coups de poing, même quand ils étaient donnés aux citoyens inoffensifs par des héros préposés à la garde des rues ; mais on ne punissait jamais les coups de plume, même quand ils attaquaient les puissants de la terre.

La jeunesse avait le droit d'être jeune ; si elle riait trop haut, on ne lui fermait pas la bouche ;

si elle tirait la langue, on ne la lui coupait pas ; et quand les héritiers des meilleures familles du stathoudérat faisaient un peu de tapage dans les meilleures intentions du monde, on ne s'avisait pas de les prendre pour des malfaiteurs; on respectait en eux la pudeur de leur ivresse et la moisson de l'avenir.

—

Les théâtres jouaient tout ce qu'ils voulaient; il y avait même un théâtre spécial pour les pièces refusées ou interdites sous d'autres régimes, et, comme les pères de famille faisaient la fortune des théâtres, les directeurs se gardaient bien de compromettre leurs recettes par des pièces mauvaises ou par des nudités choquantes. Il y avait certainement des endroits obscènes dans ce pays civilisé, mais les débauchés qui s'y rendaient n'exigeaient pas que tout le monde y allât pour substituer l'amour des plaisirs à l'amour de la chose publique.

Les hommes, s'exerçant librement à la parole, aux affaires, étaient radieux d'intelligence, et rentraient chez eux le front haut, l'âme épanouie; ils étaient estimés de leurs enfants, qui n'avaient pas besoin de se battre continuellement pour eux, et aimés de leur femme, qu'ils aimaient tout simplement.

Ce siècle était le siècle de la raison, des arts libres, des aspirations fécondes. Ce n'était pas le siècle de la crinoline. On lisait plus souvent sur les enseignes : *Libraire du stathouder*, que : *Corsetier de la cour;* on s'habillait par décence, on ne s'habillait pas pour imiter les grands du jour. Il y avait le cercle de Démosthènes; il n'y avait pas le cercle du Cotillon.

Les Athénées prospéraient par des discours publics et non par des danses; les agents de change levaient encore quelquefois le pied ; mais les femmes, même les plus pauvres, ne levaient jamais la jambe, pour gagner à souper.

—

Dans ce temps-là, le pouvoir avait autant d'esprit que l'opposition, ce qui dispensait de recourir aux fusils pour rétablir l'équilibre. Et l'opposition, tranquille sur les principes, ne chicanait jamais que sur les détails. Il y avait encore des pauvres, des ignorants et des infirmes, mais on ne rencontrait guère les pauvres que dans le voisinage des églises, les ignorants que dans l'intérieur des sacristies, et les infirmes que dans les endroits où les zouaves guérissaient miraculeusement.

Tout était ordonné, parce que tout était libre; tout était sage, parce que tout était délibéré ; il n'y avait plus de partis, parce qu'il n'y avait plus de regrets ni plus de désirs. Le bail proposé par la Providence, consenti par le peuple, cimenté par la liberté, était éternel. Il avait du moins autant de chance de l'être que peut en avoir une institution humaine; aussi, était-on en sécurité parfaite. Nul ne s'endormait en se disant que sa table de nuit le dénoncerait peut-être le lendemain; car les tables ne parlaient pas encore, ni les bêtes non plus; l'homme seul parlait.

Le travail avait sa récompense dans la fortune du travailleur. La pensée rapportait autant d'honneur qu'elle rapporte de prison et d'amendes dans d'autres pays.

Quel dommage qu'un peuple si heureux ait disparu avec son secret! Quant au gouvernement, on ignore pour quelles causes il ne s'est pas perpétué; il était cependant bien sûr de vivre; il avait signé son nom dans le bronze et le granit; mais la Providence s'est sans doute lassée d'avoir donné si longtemps le royaume des cieux aux gens d'esprit.

Un jour... Je vous dirai la suite de mon conte une autre fois.

VII

UNE MAISON DE SAGES

5 mars.

J'ai fait dernièrement un voyage dans un pays que l'on ne trouvera pas facilement sur la carte, si j'ajoute que c'est le pays de la liberté, où fleurit le parlementarisme le plus pur. Curieux de voir ce que je n'avais jamais vu en France, je demandai à un journaliste du crû le moyen d'assister à une séance du Parlement.

— Je ne connais pas la langue, lui dis-je, mais, c'est égal, les gestes m'intéresseront.

Ma curiosité parut bizarre à mon confrère.

Dans son pays, on ne se dérange pas pour si peu. Les députés faisant les affaires et ne faisant pas de discours, on les laisse à leur honnête besogne. Mais toutes les tribunes sont libres, même celles du public, et je reçus aussitôt une carte imprimée.

Mon confrère en avait plusieurs ; on ne craint pas plus l'affluence des auditeurs que les comptes rendus parasites, dans cette contrée, où rien n'est encore timbré. Les journalistes jouissent là-bas de leurs grandes et de leurs petites entrées, dans les endroits où se discutent les intérêts publics ; absolument comme ici les journalistes ont leurs entrées aux Bouffes-Parisiens, aux Folies-Marigny et dans d'autres établissements plus ou moins parlementaires.

Muni de cette carte, dont je ne pus jamais déchiffrer les hiéroglyphes, je me jetai dans une voiture et je fis comprendre au cocher (qui m'écouta poliment), par quelques mots accentués de gestes expressifs, et surtout par l'exhibition de la carte, que je désirais être conduit à la manufacture des lois.

Un quart d'heure après, je descendis à la porte d'un édifice sévère qui me rappela vaguement une maison de détention. Je remarquai des barreaux solides aux fenêtres et un grillage aux mailles serrées entre les barreaux.

— Il paraît, me dis-je avec malice, que les sages qui fabriquent des lois ne veulent pas être dérangés dans leurs travaux par une invasion comme celle du 15 mai ; à moins que la précaution ne soit prise par le peuple souverain contre ses délégués.

On a lu ici l'histoire de nos révolutions !

L'huissier qui me reçut avait un peu le costume d'un geôlier, mais il souriait, ce qui est toujours encourageant, et il ne portait pas de chaîne au cou, ce qui lui laissait sa dignité, en lui ôtant toute ressemblance avec un huissier français. Il me salua et m'introduisit d'abord dans une pièce que je reconnus tout de suite pour le vestiaire de messieurs les députés.

Des bâtons solides étaient déposés dans les angles; des hardes de différentes sortes étaient accrochées aux murs; je regardai s'il n'y avait pas de culottes courtes. Je n'en trouvai point, mais je découvris cinq ou six camisoles de force.

— Ce sont sans doute des éléments de discussion pour une réforme du régime pénitentiaire, me dis-je en moi-même; on ne veut pas s'en rapporter à la statistique des préfets, et on a raison, car je ne pense pas que ces camisoles et ces gourdins fassent partie du règlement et soient des moyens de rappels à l'ordre pour les écarts de la tribune.

—

Suffisamment édifié par la vue de ces objets, je passai dans une salle digne de la simplicité de Lycurgue. Des bancs rustiques assujettis aux murs, pour qu'on ne fût jamais tenté de se les jeter à la tête un jour d'émeute; des tables enracinées dans le sol, symbole des principes solides enracinés dans les consciences; quelques tableaux champêtres suspendus hors de la portée de la main; nulle effigie médiocre des autorités; telle était l'ornementation de cette salle, qui devait être la salle des Pas-Perdus.

Des personnes allaient et venaient en marmottant des discours, d'autres griffonnaient sur des lambeaux de papier.

— Ce sont des orateurs qui s'entraînent, me dis-je avec admiration, et des correspondants de journaux qui les guettent.

Je fus très-étonné d'apercevoir, dans un coin, un piano, et, à côté, une boîte à violon.

— Mon Dieu! est-ce que la musique, ici comme chez nous, a déjà tout envahi?

Mon guide me fit comprendre que ces instruments étaient des moyens persuasifs pour calmer les orateurs tumultueux. Quelle supériorité du langage parlementaire pur!

Quand un député de l'opposition parle trop, au lieu de l'interrompre à coups de couteaux... de buis, on lui joue sur le piano un petit air qui lui dit clairement :

— Mon ami, c'est comme si vous chantiez!

Et le violon? Oh! le violon est à coup sûr pour les orateurs du gouvernement. C'est un instrument plus délicat, plus respectueux, et il suffit d'appuyer sur la chanterelle pour rappeler à messieurs les commissaires les intentions du pouvoir. Quelle économie de gros mots, de provocations, de jury d'honneur! Sans compter que les petites fêtes présidentielles peuvent se continuer pendant les suspensions d'audience, et qu'un orateur, gendre ou élève d'un grand pianiste, pourrait varier ses exercices.

Je sortis ravi de cette salle où mes pas n'avaient pas été perdus.

J'entrai dans un couloir assez long, divisé en petites cellules.

Je devinai que c'étaient là les bureaux. Dans quelques-uns les murs étaient matelassés; précaution parlementaire pour les commissions chargées du budget; il n'y a plus de danger alors que les commissions se cassent la tête. Dans quelques autres, j'aperçus au plafond des tuyaux et des pommes d'arrosoir pour les douches. Au premier abord, ce mélange de parlementarisme et d'hydrothérapie m'étonna. Mais, après tout, pourquoi les députés n'allieraient-ils pas les précautions hygiéniques aux labeurs législatifs? Le charme de l'eau claire ne contredit pas le goût de la parole. Sans compter qu'une douche appliquée à temps préviendrait parfois le scandale que, dans les assemblées, donne un cerveau mal discipliné. Si l'inspiration ne descend pas toujours du ciel, la raison en découle naturellement.

J'ignorais si j'étais venu un jour de grande séance. Je m'efforçai de questionner mon guide à ce sujet. Il ne me comprit que quand j'eus multiplié les gestes et imité, par ma mimique, le désordre d'une interpellation chaleureuse. Il sourit et me fit signe qu'il allait me conduire vers les députés en fonctions.

Mais auparavant, je dus me soumettre à une formalité bizarre. L'huissier me fouilla profondément et retourna toutes mes poches. Que craignait-il? l'or de la Prusse ou de l'Italie? des documents calomnieux à l'adresse d'un honorable? Me prenait-on pour un écrivain du pays? Veillait-on sur les lectures des représentants? avait-on peur que je n'introduisisse un journal étranger dans l'assemblée? J'avais un petit couteau : mon conducteur s'en empara. Me prenait-il pour un assassin? croyait-il donc que je voulais apporter des armes à la minorité? Quant à ma bourse, on me la laissa; elle était peu garnie.

Mon guide, toutes précautions prises, tira un gros verrou, poussa une porte massive et m'introduisit dans une sorte de grand jardin, de préau.

— Quoi! c'est là que travaillent les députés?

Mon guide répondit de la tête avec un aplomb bien inutile pour m'apprendre qu'il ne comprenait pas le français, et il me montra les honorables errant dans l'enclos.

J'étais évidemment arrivé un jour de séance

orageuse. Ces députés péripatéticiens dissimulaient leur philosophie sous une vivacité singulière. J'en vis deux qui, costumés avec des robes de femmes, parlaient, gesticulaient, tournaient leurs mains l'une sur l'autre, comme feraient deux hommes en tordant le cou à des volatiles, et criaient *couic,* pour compléter la démonstration.

Je pensai que ces orateurs discutaient sur la liberté de la presse. Leurs gestes indiquaient la nécessité d'un cautionnement.

Un autre, qui avait la tête rasée et la mine farouche, et auquel je n'eusse pas confié grand chose, se frappait la poitrine et boutonnait fébrilement son habit, comme pour dire : la conscience doit être murée ! Murons-nous ! muronsnous !

J'en vis un qui, les yeux au ciel, faisant de grands signes de croix, s'isolait pour apprendre un beau discours qu'il répétait, en le suçant des lèvres comme du sucre ; mais quand on s'approchait de cet orateur religieux, il vous crachait au visage, un autre faisait des vers et les scandait avec des airs de tête superbes ; deux vieillards, qui avaient sans doute abusé de l'hydrothérapie, car leurs crânes étaient dénudés, se livraient à des calculs incessants, ramassaient des petits cailloux qu'ils jetaient dans des poches percées et essayaient de mettre deux feuilles de papier en équilibre. Ils travaillaient sans doute au budget. Un autre jouait de la trompette avec sa main gauche et agitait un sabre de bois avec sa main droite. Il avait un chapeau mexicain.

Deux ou trois se battaient derrière les arbres. Un malheureux, qui avaient les jambes rompues, se traînait à terre et venait en rampant mordre ses collègues; mais ceux qu'il mordait n'y faisaient pas attention et s'essuyaient seulement la place. Des gens à physionomie placide, ressemblant à des bergers d'Arcadie, faisaient des petites cocottes en papier, que d'autres leur dérobaient et pressaient sur leur cœur.

—

Je cherchais le président. J'aperçus un monsieur convenablement mis, grave, poli, décent, calme, dans un milieu fougueux, qui laissait parler, qui n'interrompait personne, qui souriait à tout le monde; je ne doutai pas que ce ne fût le directeur de ces débats étonnants. Je m'approchai de lui; ô bonheur! il parlait en bon français.

— Monsieur fait sans doute des études physiologiques? me dit-il; ah! vous les trouvez un peu agités aujourd'hui... cela tient au bouillon que je leur ai donné : il était trop salé!... Notre établissement n'est pas à comparer aux vôtres, et vous avez à Charenton...

— Charenton! m'écriais-je, frappé d'une idée étrange.

— Oui, c'est là une bien belle maison.

— Mais, où suis-je donc?

— Dans l'Institut des fous, dont je suis le fondateur.

Mon étonnement, ma confusion, et l'éclat de rire par lequel j'essayai de réagir contre ma déconvenue, frappèrent le médecin des aliénés; il regarda d'un air plein d'intérêt, et je le vis qui cherchait dans ses poches.

Je craignais qu'il n'en tirât des menottes.

Je me hâtai de lui raconter la mystification dont j'étais l'objet. Je montrai ma carte.

— Je vois ce que c'est, me répondit-il d'un air pincé, comme si je lui avais fait tort en comparant son établissement avec une assemblée législative. Nous n'avons qu'une sorte de permission pour tous nos édifices. Les cartes sont toutes de la même couleur; le nom seul établit la différence. Votre ami s'est trompé.

— Et ne pourrai-je aller au Parlement?

— Il n'est pas en session. C'est le jour de la paye, ces messieurs s'amusent.

— J'en suis desolé... Pourriez-vous au moins me montrer un de ces messieurs?

— Je n'en ai plus qu'un, me repondit-il, il est aux incurables... Ce n'est pas un beau spectacle à voir.

Nous fûmes interrompus par une fanfare.

— Mais je connais cet air-là? m'écriai-je avec un élan patriotique.

— Oui, c'est l'air : *Partant pour la Syrie.* C'est ce que j'ai trouvé de plus doux, de plus innocent. Voyez comme cele les calme. Ils vont aller faire paisiblement leur sieste maintenant. Ah! monsieur, la musique! Quel moyen de conduire les fous!

Je m'expliquai alors le violon et le piano de la salle de récréation.

— Mais, puisque vous utilisez nos airs nationaux, dis-je au docteur, pourquoi n'essayez-vous pas de leur jouer la *Marseillaise?*

— Cela n'aurait qu'à leur rendre la raison, me répondit-il.

Je compris qu'on ne peut pas demander à un chef d'établissement de se ruiner lui-même, et je le saluai.

VIII

LE DOSSIER DES GENS DE LETTRES

12 mars.

La littérature est sauvée! Il était temps. Son *Excellence* M. Duruy, dont le cœur est *excellentissime*, a annoncé au comité de la Société des gens de lettres qu'il porterait cette année le chiffre de la subvention à six mille francs. Le pouvoir est décidé à ne mettre aucun frein à sa munificence.

A cette nouvelle, la reconnaissance a débordé. Six mille francs! mais c'est le prix d'un cheval, et Pégase n'est plus même une rosse. Six mille francs gagnés sans avoir rien fait pour cela, quel encouragement au repos!

Six mille francs! mille francs de plus que l'année dernière! Il est vrai que cette année la vie augmente, et la mort aussi. Les loyers coûtent plus cher et l'hôpital est hors de prix.

Le bureau de la corporation avait, par son attitude décente, modeste, par son abstention de tout bruit, de tout éclat, de toute manifestation, mérité mieux que cela. Songez donc avec quelle déférence il laisse déchoir la profession d'écrivain.

S'est-il permis le moindre signe de vie quand on discutait la liberté de la presse? Est-il intervenu dans tous les conflits qui déshonorent le métier? Se pronce-t-il au nom de la dignité de l'intelligence sur ces questions palpitantes?

Non. Muet, impassible, il se retranche derrière ses statuts, comme M. de Kervéguen derrière son inviolabilité, et pourvu que les journaux payent exactement la reproduction de M. Ponson du Terrail, il se déclare satisfait; il n'existe que dans ce but.

Il est vrai qu'il donne des secours aux nécessiteux, et des oraisons funèbres abondantes à ceux qui ne participent plus à ses bienfaits; malheureusement, on ne meurt pas encore tous les jours; cela viendra; et c'est en prévision de cet accroissement d'activité que M. Duruy fait l'avance des frais d'hôpital.

Mais comprenez bien le sens de cette libéralité inouïe, démagogues, gens de lettres intraitables, c'est-à-dire sans traitement! et ne vous avisez pas de poursuivre la réforme de statuts qui obligeraient la société à devenir un tribunal d'honneur, une société de crédit littéraire, une association d'intelligences pour faire respecter l'intelligence! On vous retirerait les faveurs d'en haut.

Est-ce que vous croyez par hasard, gens naïfs, que si pendant l'Exposition universelle, quand toutes les industries étalaient leur gloire, la Société des gens de lettres avait eu la pensée d'un concours international, d'une hospitalité offerte aux écrivains du monde; est-ce que vous croyez que si on avait convié les romanciers de l'Angleterre, les philosophes de l'Allemagne, les traducteurs des autres nations, à venir fraterniser avec nos romanciers, nos philosophes et nos érudits, le pouvoir vous en saurait gré aujourd'hui? Ç'eût été du tumulte; on eût porté des toasts à la fin d'un banquet; il eût fallu boire aux idées, ce qui eût été absolument comme si l'on avait bu à l'invasion étrangère! Nous avons le chauvinisme de l'ignorance.

D'ailleurs, tous nos grands hommes littéraires sont des traîtres : V. Hugo qui rugit, Lamartine qui s'affaisse, G. Sand qui combat, Sainte-Beuve qui proteste, Alexandre Dumas qui se moque, Émile Augier qui dédaigne, Renan qui hausse les épaules, Michelet qui hausse les regards, Quinet qui hausse le ton, Louis Blanc qui reste Anglais pour rester Français selon son goût, etc.; bien d'autres que j'oublie : Guizot, Thiers, Villemain, toutes les célébrités, tout ce qui a un nom, un titre, un passé, un avenir, est hostile ! A qui eût-il fallu donner la présidence ? Se vanter de notre littérature, n'eût-ce pas été faire acte violent d'opposition ?

Quand le génie d'un peuple est d'un côté, et l'autorité d'un autre, le choix est bien facile mais peut être factieux ; les gens pacifiques ne troublent pas les gens de génie. Voilà pourquoi la Société des gens de lettres a été bien sage de ne pas provoquer de congrès, de manifestation littéraire ; voilà pourquoi on n'entend plus parler du fameux rapport qui devait être écrit sur l'état des lettres ; voilà pourquoi on a bien mérité cette petite augmentation de mille francs. Mille francs ! Ce n'est pas cent sous par écrivain sacrifié !

—

Pense-t-on également que la bienveillance officielle se manifesterait avec cette recrudescence si la Société des gens de lettres avait eu quelques velléités de conseils, d'observations, pendant tous ces débats sur la presse ?

Est-ce que la vie morale, la dignité des écrivains regarde ladite Société ? On interdit les conférences ; elle ne souffle mot. On remplace l'Athénée par un *bouiboui ;* elle réclame ses entrées. On refuse aux gens de lettres ce que les manœuvres ont obtenu, le droit de se coaliser ; la Société des gens de lettres n'intervient pas.

Quand les questions de douanes, de tarif, sont

à l'ordre du jour, toutes les chambres commerciales s'émeuvent, provoquent des enquêtes, font des pétitions. Mais on peut discuter impunément à la tribune le sort des lettres, la fortune des écrivains; on peut décider que tout Français sera soldat; le comité des gens qui tiennent la plume ne se dressera pas devant le comité des gens qui tiennent l'épée, et ne lui dira pas qu'avant les casernes il faut les écoles, et que ce qui fait la puissance de la Prusse, c'est la liberté et la diffusion de son enseignement.

Quoi! on ôte à des millions de Français le temps de lire; on remplace les loisirs du livre par les plaisirs de l'exercice; on diminue la clientèle des écrivains, et la Société des gens de lettres laisse faire, elle ne proteste pas?. Elle ne demande pas que tout le monde sache lire dans un pays où tout le monde doit apprendre par cœur ses devoirs et ses droits?

L'agriculture réclame les bras qu'on lui enlève, la Société des gens de lettres ne se soucie pas des cerveaux qu'on lui interdit!

Après la loi militaire vient la loi sur la presse. Cette fois, plus de prétexte, n'est-ce pas, pour se taire, pour ne pas dire son mot? Tant pis pour les cinq ou six mille francs de subvention, de secours! On s'en passera s'il le faut; mais on ne laissera pas calomnier la littérature de son temps! On aidera à l'expansion des journaux! on interviendra pour le timbre, pour les amendes, pour la dignité des écrivains! on ne permettra pas qu'on insulte la profession qui est l'âme et la lumière des autres! on reniera ceux qui font d'un journal un guet-apens! on sera tout le jour sur la brèche! on publiera mémoires, statistiques! on vengera la presse politique, la presse littéraire! on abattra ce fameux mur qui n'est que la précaution des hiboux contre la clarté du ciel! on dira, ce qui est vrai, que chacun dans le monde peut murer sa vie privée, excepté l'écrivain, et que l'éternel honneur du métier, ce qui fait son supplice et sa gloire, c'est que l'homme de lettres se donne tout entier, lui, son cœur, sa chair, son foyer, ses enfants.

Les curiosités se taisent devant le seuil de M. Guilloutet; elles s'éveillent toutes frémissantes, devant le seuil du moindre écrivain. On veut savoir comment il vit, comment il meurt, et il n'en vit pas plus mal, et il n'en meurt pas plus honteusement, pour ne pas se défendre et pour permettre ce spectacle de lui-même!

On fera cette comparaison; on forcera la pusillanimité des consciences à se désarmer; on n'établira pas une inégalité, avilissante pour les honnêtes gens qui ne sont pas écrivains; on ne constituera pas de privilége au profit des intérieurs mauvais; on ne restera pas au-dessous de l'Académie de la Restauration, qui intervenait quand il s'agissait de la liberté de la pensée; on n'attendra pas que l'Évangile selon *saint Mathieu* et selon *saint Laurent* soit imposé dans le catéchisme de la presse; on luttera enfin par toutes les forces laissées à la disposition de la vérité, pour le triomphe des intérêts moraux qui sont aussi (heureux et dérisoire privilége) les intérêts matériels des écrivains.

—

Mais non! on se taira. Et la Société des gens de lettres est la seule autorité qui n'ait pas apparu, même de loin, dans ce débat; aussi, avant la fin du vote, lui a-t-on envoyé son jeton d'absence, six mille francs.

—

Mais du moins, si elle n'est pas un conseil pour le législateur, elle est une société protectrice de l'honneur de ses membres. Qu'un député, venu de Toulon, ose se permettre contre les écrivains une de ces accusations abominables qui font vibrer les âmes et étinceler les épées; qu'un journal se fasse le complice de cette insulte, par rancune, par dépit, par spéculation; la Société des gens de lettres accourrait-elle mettre au nom de l'honneur et de l'esprit le journal en interdit? Suscitera-t-elle la ligue des consciences? Élèvera-t-elle enfin la voix plus haut que les insulteurs? Non. Si un théâtre manquait d'égards à un auteur dramatique, il n'aurait plus de répertoire le lendemain. Un journal peut jeter de la boue à toute la presse, il ne manquera le lendemain ni de feuilletonistes ni de romanciers !

—

Il est donc bien juste de continuer les petits cadeaux du pouvoir à une société d'écrivains qui laisse diminuer le droit d'écrire, paralyser le droit de parler et calomnier les journaux. Ce n'est pas en se tenant debout qu'on ramasse des faveurs; demandez à ceux qui, sous tous les régimes, ont leurs noms sur la liste des fonds secrets !

IX

LA STATUE DU COMMANDEUR JUBINAL

16 mars.

Je viens venger le plus gros des commandeurs et le plus commandeur des hommes gros. Cette déplorable affaire Kervéguen n'a, en définitive, éclaboussé personne, mais elle a fait passer un nuage sur le front le plus serein qui soit au monde; je veux le dissiper. Je veux dire que, de toutes les injustices de l'esprit de parti, de toutes les maladresses du besoin de calomnier, l'injustice la plus criante, la maladresse la plus brutale serait de donner une heure, une minute de souci à cet homme tout rond, tout épanoui, qui n'ayant jamais beaucoup écrit, beaucoup parlé, n'a jamais fait de mal ni à la littérature, ni à la politique, ni à quoi que ce soit; mais s'est appliqué au contraire à plaire à tout le monde, et dont le nom, qui commence comme *jubilé*, devrait finir comme *jubilation*.

Il y a dans la mythologie scandinave un Dieu fort et terrible qui s'appelle le Dieu Jubinal. Est-ce que, s'il était enclin à la fatuité qu'on lui suppose, le député de Bagnères-de-Bigorre ne pourrait pas invoquer cette parenté illustre? Non. Le *commandorat* lui suffit; il est homme et vit parmi les hommes; un brimborion, quelques plaques; des poignées de lauriers devant lui, des poignées de mains à son passage; et le voilà content!

Ce n'est pas sa faute s'il est célèbre; il n'a rien fait pour cela. A-t-il réclamé les honneurs qu'on lui décerne dans son pays? Est-ce lui qui a dicté cette inscription dans les montagnes, au Tourmalet, où il fit une ascension un jour, pour essayer une nouvelle route, inscription que voici: « *M. Jubinal est venu ici, le premier, dans son carrosse?* » Non. Personne ne reconnaîtra là son style, ce style qui a fait la gloire du *conducteur de coucou*, une nouvelle charmante publiée dans *Cent et Un;* pas plus d'ailleurs qu'on ne reconnaîtrait son génie dans les vers qu'il a signés et qui ont comme subi le doigté moelleux de M. Lesguillon. Lui, fier! lui, présomptueux! lui, ambitieux d'honneurs excessifs!

—

Il pourrait l'être; car enfin il a chanté très-haut en 1853 Napoléon III, et en 1855 l'armée de Crimée!... Et M. Belmontet a senti sa muse grelotter de jalousie dans son carrick.

On prétend que ce philosophe de poids aurait eu l'imprudence de demander ingénument une augmentation de décors pour sa boutonnière? lui qui n'a déjà plus de place! lui qui connaît si bien l'humanité, et qui l'a jugée comme on ne la jugera plus, dans ce conte philosophique du *Conducteur de coucou*. Écoutez plutôt :

« Il en est de l'homme comme du légume : le haricot de Soissons n'est pas celui de Montreuil, et le pruneau de Tours vaut mieux que celui du Lyonnais. »

Un moraliste qui sait étiqueter ainsi l'humanité, et qui se montre de cette force sur le haricot et le pruneau, se maintient dans un juste équilibre devant les nécessités de ce monde, et craint de se laisser aller.

—

Veut-on une preuve de sa modestie?

Dans un dîner de gens de lettres, il parut un soir imprudemment bardé de toutes ses croix :

— Cela n'est pas décent, cria quelqu'un, un envieux sans doute.

M. Jubinal sourit, alla à l'office, et en revint avec des feuilles de vigne délicatement posées sur ses décorations.

—

Quant à ses plaques, M. Jubinal n'a pas eu

besoin de solliciter pour les obtenir. J'en connais au moins une que son mérite seul a décrochée ou accrochée.

Il faut bien proclamer ses talents. Si l'aimable député n'a pas de théorie sur la presse (son silence l'a prouvé), il a une théorie excellente pour manger les écrevisses. Il les vide avec un grand art, la carapace reste entière. Or voici ce que raconte une légende :

A un grand dîner, un ambassadeur qui se trouvait en face de M. Jubinal, ne pouvait retenir ses exclamations admiratives; il s'extasiait! Vider les bêtes sans les froisser, quel secret diplomatique! C'est là le fond de la science des gouvernements! M. Jubinal eut l'idée, pour contenter l'ambassadeur, de lui envoyer le lendemain une couple d'écrevisses entières d'apparence, parfaitement reconstituées, quoique vides. Ce présent ne fut pas fait à un ingrat; l'ambassadeur rendit une visite de remercîments et laissa une décoration. M. Jubinal qui a de l'esprit, autre part qu'à la Chambre, appelle ce brimborion l'*Ordre de l'écrevisse!*

—

Voilà ce que j'avais à dire pour venger le commandeur. Quant à l'écrivain, ma tâche est plus facile encore. J'en appelle à tous ceux qui le connaissent.

Ce bon gros homme, riant, accueillant, serviable, qui semble porter tous ses collègues dans son cœur, au besoin dans son ventre, qui a fondé à Bagnères-de-Bigorre, dans le pays dont il est l'enfant chéri et le député, une bibliothèque de vingt mille volume pour les loisirs des lecteurs et des électeurs, et un musée de sept cents objets d'art ; l'homme de lettres qui sait le mieux offrir le bras aux dames, le cœur aux muses, la main aux gens de lettres; qui obtenait jadis de M. Salvandy, sous la royauté, les secours qu'il obtient encore de M. Duruy, sous l'empire; cet homme ne fait pas les doux yeux aux cassettes ; il a de trop beaux yeux qui ont autre chose à faire! Magnifique dans ses manières, il a donné pour rien une tapisserie splendide à la Bibliothèque impériale, une tapisserie qui vaut..... trois crachats!

Gai, de belle humeur, chansonnier comme Labédollière, son ami, rond d'allure comme de forme, on ne peut pas se le représenter tendant le chapeau pour recevoir ; on se le représente mieux ouvrant la porte, et dressant la table pour offrir. Les gens qui émargent doivent s'incliner bien bas. Ce geste est impossible à M. Jubinal; il ne peut que se courber en arrière ; toute sa dignité, qu'il porte en avant, lui interdit les génuflexions.

—

Il faut donc mépriser absolument des insinuations; laisser dans sa gloire, dans son aplomb, dans son jeu (j'allais dire dans son jus) ce Silène content de vivre, ce Béarnais qui porte en lui la poule et le pot, et qu'on adore dans ses montagnes, comme le dieu Jubinal était adoré jadis en Scandinavie.

—

Que le *Charivari*, en 1839, se soit moqué de le voir nommer à Montpellier à une chaire de littérature étrangère, et qu'on ait prétendu alors que ses titres tenaient surtout à ce qu'il était absolument *étranger* à ce genre de littérature; qu'on ait raillé son embonpoint; qu'un jour, en le voyant marcher à côté d'un de ses amis long et maigre, on ait dit que c'était le *duo du Bilboquet;* la boule et le manche s'en allant de compagnie, avec l'amitié pour ficelle; tout cela est de la raillerie permise.

Qu'on lui reproche d'avoir, en 1848, présidé le *Club de Mars;* bien qu'il se soit repenti de cette faiblesse (comme on le verra à sa façon de restreindre le droit de réunion), rien de plus naturel; c'est là de la plaisanterie et de la critique. Mais faire l'impossible pour exagérer ses ridicules; mais déposer contre son mur des allégations qui entachent sa dignité privée; cela dépasse les bornes!

Pauvre *Miquel!* que dirait-on au *Canigou?*
Il est bon d'expliquer que M. Jubinal s'ap-

pelle *Michel*-Louis-Achille, que les habitant des Pyrénées l'appellent *Miquel*, et qu'il a écrit, de la façon que vous connaissez, un voyage très-amusant de *Paris* au *Canigou*.

Dans ce récit, il raconte son excursion au *Tourmalet*. Arrivé (je cite), à l'endroit où les Romains avaient construit *jadis* le fort Émilien (quelle érudition!) il s'abouche avec une jeune argelésienne qui faisait paître les vaches, et lui achète du lait pour lui dérober une chanson qu'il transcrit au vol.

Voilà les seuls marchés qu'il ait conclus! Écoutez avec quelle grâce il se révèle :

« La jeune fille chantait encore, lorsqu'une joyeuse cavalcade apparut sous la ramée. Je me retournai. A la vue de mes *tablettes* (est-ce assez romain, ce détail! c'est le fort Émilien qui l'inspire!), une fraîche bouche de femme s'écria : — Un poète! — Oui, madame, c'est un poète! »

Et voilà mon troubadour qui donne l'essor à la poésie, qui chante le charme du paysage et qui conclut :

« — Qui ne bâtirait ici volontiers sa cabane!

« — Chantez les cabanes, monsieur, répond la jeune femme, je ne les habiterai pas! »

Je pense qu'en ce moment le président du club de Mars était tenté par une présidente du club de Vénus.

Il résiste, et lorsqu'il touche le sol de Luz, son

cœur bat très-fort. C'est là qu'est né son père :
« Eh quoi, monsieur, lui dit-on, vous êtes le fils
de Miquel? c'est un des nôtres. Entrez! »

« Ah! je le sens, ajoute le poète dans un
transport élégiaque, pour quitter une pareille
patrie, il ne faut rien moins qu'une révolution et le timbre de 89 vibrant à l'horloge des siècles. »

Maintenant que, comme on le sait, il ne doit plus y avoir de révolutions et qu'il reste fort peu de choses des principes de 89, M. Jubinal pourrait fort bien retourner paître ses vaches dans ses montagnes. Si l'horloge des siècles s'avisait de sonner de nouveau, on le rappellerait.

Voilà l'homme dans sa pureté, et le commandeur dans son innocence; je ne défendrai pas le député. On n'en parle pas plus qu'il ne parle. Mais il me suffit de cette protestation pour rasséréner, je pense, le front un peu assombri de l'écrivain, du poète.

Non, Achille, tu n'as pas été blessé au talon! Il ne dépend pas d'un journal de faire croire que les excellents pruneaux de Tours sont des haricots de Soissons. Mais puisqu'il a été question de décorations et de plaques, je propose que pour venger un des membres les plus considérables de la majorité... des gens de lettres, on lui donne un titre et qu'on le nomme duc de *Malplaqué*.

Sa modestie se contenterait d'un tortil de baron ; mais l'empire ne crée pas pour si peu : il ne fait que des ducs !

X

A M. Havin,

Directeur du *Siècle*, promoteur de la souscription pour la statue de Voltaire.

29 mars.

Je ne sais, monsieur, si je vais vous étonner, mais je déclare que vous avez autant d'esprit que Voltaire.

Talleyrand, qui s'y connaissait, l'a dit avant de vous connaître. N'est-ce pas lui, en effet, qui un jour discutant la liberté de la presse, qu'on a toujours discutée, a laissé tomber du haut de la tribune cet axiome flatteur pour le suffrage universel : « Il y a quelqu'un qui a autant d'esprit que Voltaire, c'est tout le monde. » Eh bien! monsieur, vous qui avez l'esprit de tout le monde, n'avez-vous pas autant d'esprit que Voltaire?

Je défie M. Rouher, lui-même, auquel j'emprunte cette façon de raisonner, de déduire plus nettement une conclusion.

Vous avez pris l'initiative d'une manifestation imposante. Ces milliers de souscripteurs à la statue de Voltaire sont la garde mobile du bon sens français, de l'ironie, de l'humanité. Vous avez senti que dans le désarroi des croyances, dans la débâcle des principes, il fallait grouper le pays autour d'un homme qui représente la force invincible de la raison, le droit éternel de l'esprit.

Le lendemain de l'affaire Mortara, vous avez fait briller le nom du défenseur de Calas et de Sirven. Dans cette folie de carnaval guerrier, qui débauche l'école au profit de la caserne, vous avez pensé que *Micromégas* avait besoin de faire entendre son rire puissant. Devant la présomption des petits hommes d'État, vous avez voulu dresser le juge des vanités humaines, et opposer aux mendiants de places, de plaques et de servitude, le sceptique qui n'a été l'ami que pour devenir l'implacable railleur des grands rois et des grandes impératrices.

C'est là, monsieur, une entreprise virile, honnête, actuelle. Je vous ai envoyé mon offrande ; je vous en ai fait envoyer d'autres, et nous sommes parfaitement d'accord sur le premier point.

La statue de Voltaire est d'un autre enseignement national que la statue de M. Billault. Les gens qui se sont moqués de votre souscription seraient bien embarrassés d'en faire autant pour leurs grands hommes. Défiez-les!

—

Mais si je rends hommage à cette réparation due au génie le plus essentiellement français, j'ai quelque défiance de la façon dont le comité nommé se chargera de l'apothéose.

N'a-t-on pas dit qu'au lieu de provoquer le talent, le patriotisme et la verve de nos sculpteurs français, la commission se bornerait à faire exécuter et surmouler le chef-d'œuvre de Houdon, qui est le trésor de la Comédie-Française? Et n'a-t-on pas ajouté que ce chef-d'œuvre, ainsi grossi et copié, serait amené, en face de l'Institut, pour y voir passer les éphémères de la gloire contemporaine et couler l'eau?

—

Je trouve le monument conçu ainsi parfaitement ridicule, et je trouve la place très-mal choisie.

Je commence d'abord, au nom de l'art, par me défier de cette copie. Nous avons un morceau inimitable, qui est unique et absolu dans son genre; et vous voulez le doubler, le grossir, en exagérer les délicatesses, le rendre banal?

Mais je comprendrais toutefois que la question d'esthétique passât après la question de sentiment, si l'image à reproduire était bien celle qui convient à la génération. Quoi! c'est ce masque de Voltaire mourant, infirme, cacochyme, de Voltaire après *Irène*, que vous offrez à la jeunesse, à l'espérance? Quoi! vous le ferez grelotter sous la pluie, sous la neige, avec les vents coulis des cinq classes de l'Institut dans le dos, ce pauvre homme à tête chauve, qui n'aura pas même la calotte de velours de M. Rouher pour abriter son crâne?

Et vous croyez que ce spectre de la mort servant d'enseigne à la Morgue des immortels, fera tressaillir d'aise les passants et palpiter d'orgueil la jeunesse? Non. Si M. Veuillot avait fait partie de votre comité, ce comité n'eût pas agi autrement. Il vous resterait à dépouiller le squelette et à le mettre nu sur un piédestal dont la moquerie publique aurait bientôt fait un pilori!

—

Puisque vous n'avez pas eu l'idée de provoquer un concours d'opinions à ce sujet; puisque vous n'avez pas fait venir un artiste vivant, intelligent et littéraire, comme A. Préault, par exemple, pour recueillir son avis, permettez-moi, au nom de mes cinquante centimes, de protester et de vous communiquer le plan en dehors duquel vous ne trouverez rien et vous gâterez votre excellente entreprise.

Parlons d'abord du monument. Nous parlerons ensuite de la place à choisir. Ce que vous voulez honorer dans Voltaire, ce n'est pas sa longévité sans doute; c'est son génie et son action, c'est le triomphe de la plume. Eh bien! pourquoi ne pas chercher à exprimer simplement cette idée?

Voltaire assis et écrivant, voilà le sujet!

Mais une souscription comme celle-là, une manifestation vraiment nationale a plus d'ambition, plus de lyrisme. Je le conçois. Ce n'est pas la représentation, c'est l'apothéose de Voltaire que l'on doit rêver. On veut montrer son génie transfiguré, triomphant!

Dressez alors une colonne s'appuyant sur un socle de granit, une colonne en marbre rose, avec un chapiteau de bronze, portant au sommet, comme une étoile, comme un phare, comme une flamme scintillante, le buste doré de Voltaire. La plume s'enroulera en palme gigantesque autour de la colonne, et la figure du philosophe, plongeant dans l'air, se découpant sur l'azur, dominera les éclaboussures de Patouillet, et les injures de Nonotte.

Voyez tout de suite l'harmonie, le style, le poëme! au lieu du *De Profundis*, vous avez un chant de gloire et d'immortalité; des gazons et des fleurs s'épandront autour de cet autel, gai, rayonnant, comme le style même de Voltaire. La base en sera indestructible; sur chaque face du socle, vous sculpterez un épisode de la vie du grand homme.

—

Peut-être cette transfiguration ne vous suffit-elle pas encore ? Ce n'est pas le Voltaire du passé, ni le Voltaire glorifié que vous souhaitez avec le plus d'ardeur? c'est le Voltaire de l'avenir; c'est celui qui prévoit les âges. Vous voulez, n'est-ce pas, rattacher par un lien permanent, par un culte progressif, le souvenir à l'espérance ?

En suscitant une souscription formidable, vous avez voulu recruter l'armée de l'instruction, de la paix, du bon sens; vous voulez faire honte à l'ignorance, faire peur à l'entêtement ? Soit !

—

Alors, au lieu de la colonne, dressez le monument d'une fédération nouvelle. Que Voltaire en marbre, debout ou assis, avec la double majesté de l'âge et du génie, bénisse le petit-fils de Franklin, et semble dire ces mots qui seront inscrits en lettres d'or sur le piédestal : « Dieu et la liberté ! »

Choisissez dans ces trois manifestations. La dernière est la plus émouvante; c'est celle qui aurait un sens plus clair, plus accessible à la foule. Dieu et la liberté! Cela contient tout et dit tout. Mais par grâce, au nom de la jeunesse, du progrès, de la santé et de l'esprit, de la bonne humeur du peuple français, ne nous donnez pas ce vieillard décharné, et ne laissez pas calomnier par les étrangers la liberté de conscience, la raison, la philosophie françaises, en faisant croire qu'elles sont bien malades et près d'expirer.

—

Voilà ce que j'avais à dire au sujet du monument. Quant à la place, il n'en est qu'une à Paris, c'est celle qu'on ne sait comment remplir, et qui attend un prétexte de statue. C'est la place du Carrousel, le square Napoléon III, si vous voulez.

Oui, la France doit à Voltaire un hommage au moins égal à celui que la Russie et que la Prusse lui ont rendu : une statue en face des palais, au milieu des musées. La petite place de l'Institut, mesquine, froide, isolée, diminuerait votre manifestation et en localiserait l'expression.

Vous tirerez d'ailleurs le gouvernement d'embarras. Il n'ose pas mettre là un Napoléon qui n'a aucune raison d'aller piaffer dans ce carré superbe. François Ier serait aussi dépaysé. Mais Voltaire, le *précurseur*, en face de l'hôtellerie où passent les dynasties issues de la Révolution, quoi de plus simple et de plus beau?

Allez donc solliciter cet emplacement! Que le pouvoir vous dise s'il prétend nous défendre d'accepter l'héritage du dix-huitième siècle, quand il a, lui, prélevé largement sa part.

Ou votre souscription n'est rien qu'une réclame; et alors, vous avez offensé des milliers de citoyens; ou elle est, et doit rester une manifestation nationale et libérale. A ce titre, la tolérance ne lui suffit pas : il faut que l'autorité la consacre ou la renie!

XI

L'APOTHÉOSE D'UN BOURGEOIS.

29 avril.

Les journaux, j'entends ceux qui n'ont ni galon, ni livrée, ont décrit de leur mieux le cortége triomphal ramenant à Venise le cercueil de Manin.

Comme mise en scène, comme enthousiasme sincère, comme expansion du génie local, on ne peut rien souhaiter de plus magnifique que ces funérailles. Tout un pays délivré, acclamant le précurseur de sa délivrance; la cité des doges, restaurant le Bucentaure, pour promener sur les eaux de l'Adriatique l'ombre de son plus grand citoyen; et le bourgeois Manin, le proscrit en habit râpé, que nous avons vu s'asseoir comme un maître de langues, fatigué de sa journée, à nos foyers prosaïques, éclairant du reflet de son immortalité les plafonds obscurcis de Vé-

ronèse, les vieux palais pensifs ! Certes, c'est là
un spectacle étrange, fantasque, éblouissant !

—

Mais quand, par le souvenir, on rapproche ce
décor des conversations fines et doucement ironiques dans lesquelles Manin se moquait de la
Venise romantique inventée par nos drames et
nos poésies, on est effrayé, et j'oserai le dire,
presque scandalisé de ce contraste.

On ne se représente pas nettement cet homme
modeste, triomphant après sa mort, comme
Torquato Tasso.

Quand on songe aux grandes misères qui se
sont ajoutées à son exil; quand on se dit qu'a-
près tant de douleurs, de deuils, de proscription,
ses restes mêmes, à la dernière minute qui pré-
cède l'apothéose, sont proscrits par le tombeau
qui les avait reçus; et que cette ombre transfi-
gurée de la bourgeoisie est reconduite à la frontière comme suspecte aux yeux des bourgeois
qui ne veulent pas être transfigurés; quand on
songe à cela, quand on regarde le portrait de
Manin : cette figure large, ce front découvert,
bombé comme un dôme de sa patrie, ces yeux
clairs qui n'avaient rien de vague, cette bouche
solide qui martelait les arguments et les chiffres,
ce menton résolu, cette barbe blanche, ces
grands cheveux noirs, toute cette physionomie
de père de famille, de docteur en droit, de citoyen

inébranlable; quand du portrait on passe à l'écriture, une des plus jolies écritures qui existent, petite, distincte, tranquille, sans allures héroïques, sans fièvre, installant seulement la signature sur un trait large, qui se prolonge comme une gondole, comme l'eau noire d'un canal vénitien; quand on cherche ainsi tout seul, dans la piété de son souvenir, à évoquer Manin, on est troublé, dérouté, inquiété par ces fanfares trop bruyantes pour un héros qui n'a jamais porté d'uniforme, de panaches et de décorations!

—

Mais, après avoir lu ces descriptions de feux d'artifices, dont les mots étaient des fusées qui égaraient ma mémoire, je suis tombé sur l'épouvantable et sobre narration d'un naufrage, que les feuilles de toutes les opinions publient sous le titre de : *La nouvelle Méduse*.

Une chaloupe sur l'Océan; des hommes désespérés qui tirent au sort et qui dévorent l'un d'eux ; les horreurs de la faim, augmentées par ce repas de cannibales; l'implacable surdité du ciel; puis, quand les forces sont à bout, quand le suicide balance dans ses bras verdâtres ce cercueil chargé d'agonisants, la terre étrangère, le secours, le salut, c'est-à-dire la souffrance dans un lit prêté; voilà le récit des journaux.

Il faut sans doute que j'aie l'esprit malade et prédisposé aux choses lugubres, car ce récit m'a rappelé Manin plus vivement que l'apothéose somptueuse de Venise.

Je le voyais, ce grand homme dont la vie est aussi simple au début, aussi terrible au dénoûment que celle de ces naufragés.

—

Il se marie jeune, à vingt ans, parce qu'aucune passion ne l'écarte du devoir, et il travaille pour vivre. Avocat pauvre, il est le soutien de sa famille. Peu à peu sa clientèle augmente, jusqu'au jour où la patrie elle-même devient sa cliente. Il la sert avec courage, par les moyens légaux, pacifiques; il arme la procédure, il ne fait pas de barricades. Pendant vingt ans, il tient en haleine l'espérance du pays, la défiance de l'étranger; mais uniquement par ses plaidoyers, par ses mémoires, par ses actes. Aucune imprudence, aucune tentative de révolte.

Il va lentement, sûrement, d'épreuves en épreuves, comme s'il allait de juridictions en juridictions; instruisant, poursuivant le procès de la liberté contre la domination. Tout lui est bon, excepté ce qui paraît bon aux étourdis, le poignard ou l'épée. Dans cette Venise, qui redeviendra légendaire et romantique pour accueillir son ombre, il souffle la vie moderne de toute la force de ses poumons.

Les questions d'industrie palpitent sous sa plume, s'échauffent à sa parole, comme des questions de sentiment. Les congrès scientifiques, le choléra lui-même, lui sont des occasions de parler de la liberté. Sa Marseillaise s'appellera la *Marseillaise des chemins de fer*. Il sera le Tyrtée des intérêts positifs unis aux intérêts immatériels.

Quand il faut descendre sur la place Saint-Marc, Manin descend avec la même simplicité. Léonidas garde national, au prosaïsme viril, il fait du sublime sans le savoir, comme des bourgeois font ailleurs de l'ineptie.

—

Dictateur, chef suprême de ce peuple qui a droit aux sympathies du monde entier, et que le monde entier abandonne, Manin sait résister, lutter, attendre et faire attendre, sans autres moyens de gouverner que sa parole, que son courage, que sa vertu. L'émeute, les rivalités le déchirent à l'intérieur; les boulets de Radetzky le cherchent et le menacent du dehors; et comme la guerre est le signal des autres fléaux, la faim, la fièvre, l'épidémie tombent, ainsi qu'une nuée d'aigles à deux têtes, précédant l'Autriche.

—

Manin maintient les mourants, ensevelit les morts et fait face aux vivants. Il lutte jusqu'à la dernière bouchée de pain. Comme sur le radeau de la nouvelle Méduse, quand toute espérance est morte, il cède ; il quitte la ville qu'il a défendue et qu'il fait respecter du vainqueur par une capitulation honorable.

Ce n'est pas le Bucentaure qui l'emporte à travers l'Adriatique, ce dernier citoyen de Venise vaincue, c'est un navire français, dont le nom se prête mieux aux misères, à l'exil, à la mort ; c'est le *Pluton*. Il est bien choisi, puisqu'il débarque à Marseille la femme de Manin, mourante, atteinte d'un double mal, le choléra et l'Autriche. C'est l'oreiller d'une agonie que l'exilé emprunte à Marseille. Son premier pas en France lui creuse une tombe !

« Tout est fini, tout est perdu, sauf l'honneur ! » écrivait dix jours avant de quitter Venise, la femme héroïque de ce bourgeois-héros. « Je vais en terre étrangère où j'entendrai une langue qui ne sera point la mienne ; ma langue si belle, je ne l'entendrai plus... jamais plus ! »

Avait-elle, en écrivant ces lignes, le pressentiment que sa prédiction devait s'accomplir si vite ?

———

Manin arrive à Paris avec un double deuil. Comme l'a écrit un de ceux qui l'ont particulièrement aimé, il n'avait emporté de Venise que la gloire dont il s'était couvert, ressource médiocre, vêtement incertain ! Le dictateur, qui avait donné au monde la leçon perdue du courage et de l'honneur, donna des leçons d'italien au cachet, dans les familles bourgeoises qui voulurent bien l'honorer de leur confiance.

Était-il convenable d'humilier les élèves en décernant de trop grands honneurs à la dépouille de ce professeur de langues, qu'on saluait à peine de son vivant?

Les blessures de la pauvreté n'étaient rien pour le grand proscrit. Sa plaie, celle dont il est mort, sa véritable maladie de cœur, c'était le regret de Venise! c'était la douleur de ne l'avoir pas sauvée. Entre sa fille et son fils, il s'épanchait. Son fils reste seul aujourd'hui.

—

Emilia Manin fut l'avant-dernière et la plus douloureuse agonie de ce grand homme qui mourut tant de fois avant de mourir. Pauvre père! Combien de fois, les yeux ardemment fixés sur ce pâle visage qui se transfigurait déjà, ne l'a-t-il pas interrogé pour lui arracher son secret! Il avait fait reculer les fléaux dans la ville assiégée; il ne pouvait faire reculer la mort implacable, impassible qui montait lentement à son pauvre logis pour lui disputer sa suprême consolation.

« Dès qu'elle eut cinq ans, disait-il en parlant d'Emilia, je m'aperçus que nous nous comprenions! »

J'en appelle aux cœurs des pères, n'est-ce pas

là le mot sublime et vrai d'un père absolument père! Ils se comprenaient! lui, l'homme simple, aux idées droites; elle, l'âme pure aux idées élevées! Il n'y a pas de conscience trop jeune pour la conscience paternelle; comme il n'y a pas d'enfant trop grand pour les baisers de la famille. Manin avait sa Béatrix, qui le soulevait hors de l'enfer, et qui, montant avant lui, l'attirait dans l'infini!

Quand il s'échappait d'auprès de sa bien-aimée fille, ayant peur de la quitter, c'était pour aller cacher à la hâte, dans son journal, le sanglot qui débordait. Et quel journal! il a pour titre : *Alla mia santa martire!*

Pauvre proscrit! l'image de Venise s'était faite avec sa chair, et vivait ou plutôt souffrait à côté de lui.

Emilia mourut, comme était morte sa mère, comme mourut Manin. Et le dernier souffle de cette muse de l'exil emporta ces mots : « Chère Venise, je ne te verrai plus! »

—

L'heure vint enfin pour l'exilé d'aller chercher une patrie inconnue. Il se courba à son tour, et on réunit le père, la mère et la fille dans un caveau offert par le peintre des mélancolies, *Ary Scheffer*.

—

Voilà la destinée de l'homme que l'on ramène

avec des fanfares ; des statues épiques le couronnant sur une estrade flottante ! l'Italie ne se trouve pas assez riche pour dorer son apothéose. Le lion de Saint-Marc semble s'animer et lui dire en le saluant, les paroles gravées sur le livre : *Pax tibi, Evangelista meus!* — C'est un débordement de splendeurs et d'enthousiasme national. Tout le monde applaudit, et j'applaudis moi-même !

—

Pourtant, j'aime mieux évoquer le souvenir de Manin sur un fond de tableau plus simple, plus triste, plus semblable à la vie et à la mort de ce bourgeois sans reproche, comme il était sans crainte. L'Italie l'a fêté ; la France l'a mieux honoré peut-être en défendant qu'on l'honorât. On n'a pas voulu donner de solennité au transport de son cercueil jusqu'à la frontière ; on a interdit les palmes, les hymnes ; cela eût troublé la paix et offusqué les bourgeois de chez nous ; ils eussent confondu ce modèle avec quelque révolutionnaire, quelque anarchiste ; ou bien, ceux qui eussent compris, se fussent trouvés grotesques en présence de cette âme de bourgeois, grande et fière.

Il faut ménager les comparaisons ! On a eu peur de cette ombre que la majesté de la consscience élevait si haut, et l'on ne permet décemment aux ombres de se produire, qu'avec de la musique, en plein opéra. Nos Hamlets gros et satisfaits n'ont pas besoin d'être troublés dans leur digestion par un spectre si solennel, pour devenir fous; leur cervelle se dérange à moins de frais.

Ce dernier proscrit nous pesait; il n'aurait eu qu'à ensemencer la terre du cimetière autour de lui, et qu'à faire germer des vertus inutiles! Nous ne savons peut-être pas toujours où nous allons, mais nous avons toujours une raison d'égoïsme bien entendu pour faire ce que nous faisons.

Nous avons muré la vie privée; nous avons muré la vie politique; ah! si nous pouvions murer l'histoire, murer le ciel, murer l'avenir! Il faudrait pouvoir également murer la mer, pour éviter de nouvelles Méduses, des naufrages comme celui dont les journaux ont parlé ces jours-ci, et qui rappelle trop la catastrophe de la Restauration.

XII

LA RÉCEPTION DU PÈRE GRATRY PAR LE FRÈRE VITET

7 avril.

J'avais recueilli, dans une lettre qui restera inédite, *les titres de la dynastie ferragusienne.* On a pensé que cette réclame susciterait des envieux; je l'ai déchirée Je cherche aujourd'hui les titres de l'Académie française au respect et à l'estime des contemporains; je suis bien certain de ne pas faire de jaloux.

—

Les réceptions académiques sont les seuls spectacles qui se soient refusés jusqu'ici à l'invasion de la musique; et sachant que le sommeil des immortels n'a besoin d'être ni troublé ni bercé, les musiciens de l'Institut gardent pour eux leur musique gaie, et versent à l'Opéra leur musique ennuyeuse.

C'est dommage! une réception comme celle de jeudi dernier pourrait servir à la liquidation de toutes les infirmités académiques; elle ne saurait en devenir plus longue, plus lente, plus fastidieuse pour les auditeurs; plus étrangère au goût public, à la vie sociale.

Sur les tréteaux ordinaires, ce qui ne vaut pas la peine d'être dit, on le chante : à l'Académie française, ce qui ne vaut pas la peine d'être sifflé, on l'applaudit.

Voilà pourquoi la monotonie des ovations couronne la monotonie des discours, lesquels sont eux-mêmes le couronnement d'un talent monotone.

Si l'on veut bien y réfléchir, le palais de l'Institut, avec ses deux ailes en retour, forme un arc, et comme un bâillement de mâchoire gigantesque. C'est l'enseigne. On a supprimé les petits filets d'eau claire que distillaient les lions devant la porte. Ils pouvaient servir; et rien d'utile ne doit demeurer autour de ce monument.

—

Il ne faut pas croire cependant que toute malice soit exclue de cet édifice solennel. Dans certaines réjouissances du moyen âge, à la fête des fous par exemple, les églises servaient de lieu de récréation au clergé, et les chanoines, unis aux enfants de chœur, faisaient de grandes parties de paume ou de barre, une fois l'an, dans l'intervalle de deux offices.

L'Académie a la tradition de ces décentes saturnales; une ou deux fois par an, elle a la petite fête des *sages;* et elle joue à la paume avec la vanité d'un récipiendaire. Il est bien rare qu'on ne fasse pas ce jour-là sauter sur la raquette la réputation du présomptueux qui se croit aimé parce qu'il a été élu. On se venge de l'avoir nommé en lui prouvant ironiquement qu'il n'avait aucun droit de l'être.

Si la vérité des faits généraux de l'histoire se mêlait à cet accès de véracité intime, les réceptions pourraient avoir leur intérêt et leur utilité. Malheureusement la franchise ne s'étend pas au delà de la malignité confraternelle; et la médisance envers les personnes se fortifie de la calomnie envers l'histoire.

—

Jeudi, le père Gratry, qui succède à Voltaire, a pu dire impunément que le dix-huitième siècle n'était pas le siècle de Voltaire; que Louis XV avait commencé la révolution; que Louis XVI était mort pour avoir donné la liberté aux deux mondes; que la Convention n'avait pas sauvé la France de l'Invasion; que c'était elle, au contraire, qui avait légué des désastres à Napoléon;

que la réaction est pleine de miséricorde et la révolution toujours pleine de fureur; que l'âme de la France réside dans les médiocrités; que M. de Barante était un grand homme; et que lui, le P. Gratry, n'a été nommé qu'à cause de son habit d'oratorien; et il a terminé ce tableau confus par une prophétie qui nous garantit, moyennant l'intercession d'un nouveau saint : saint Barante, un esprit parfait et le règne de la paix sur la terre.

—

A ces monstruosités historiques exhibées sans art, l'assemblée, enchaînée par le narcotique de l'Institut, n'a pas tressailli. Il est vrai de dire qu'elle a été sobre d'applaudissements. De temps en temps, quand le mot liberté grinçait au bout d'une période, comme une girouette au-dessus d'un donjon, un petit murmure flatteur se faisait entendre. Mais cette politesse ne tirait à conséquence, ni pour la sympathie qu'inspirait l'orateur, ni pour sa façon d'interpréter la liberté.

—

Ainsi, voilà ce qui se proclame devant la France souscrivant par milliers à la statue de Voltaire! Celui-ci ne mérite pas de donner son nom à ce grand dix-huitième siècle dont il a été la flamme, l'aigrette et l'action!

Le P. Gratry a parlé encore du ricanement

voltairien. Mais ne dirait-on pas que le défenseur de Calas, de Sirven, de Labarre a passé son temps à railler tout, à se moquer de tout, et ne s'est jamais attendri sur les injustices, sur les misères, sur les iniquités sociales ! C'est comme si l'on prétendait que Molière n'est qu'un farceur Le rire est souvent l'héroïsme de la douleur, la fierté de la raison. Celui de Voltaire est humain comme celui de Rabelais. Éteignez ces rires-là dans l'histoire de l'humanité, et vous réveillez des sanglots, vous obscurcissez des clartés !

Le P. Gratry ne voit que du libertinage, du cynisme, de la frivolité dans le siècle de l'Encyclopédie ; il appelle Voltaire, Diderot, Rousseau, d'Alembert et les autres une *écume impure*. Eh bien ! écumez ! et dites-nous ce qui restera ? Si ces gens-là, *les libertins*, continue l'orateur, ont parlé de justice et d'humanité, c'est qu'ils n'ont pas pu faire autrement et qu'ils ont eu besoin de plaire au goût du jour. Mais le goût, qui donc l'avait formé ?

Le P. Gratry salue les principes de 89, mais il a si peur de les confondre avec la Révolution, qu'il en ferait volontiers les principes de 88. Quant à la Convention, elle fut une assemblée de scélérats ; elle n'organisa que le meurtre ; et tout ce qu'on raconte de ses travaux, de ses fondations, des armées qu'elle improvisait, n'est sans doute qu'un tissu d'absurdités. La terreur, l'échafaud, voilà son unique but.

—

Quand cessera-t-on, pour décrocher des applaudissements, pour faire accepter des uns et pardonner par les autres un faux libéralisme qui promet tout et qui ne donne rien, quand cessera-t-on d'agiter ces guenilles sanglantes de 93? Ne voir, dans la crise effroyable qu'ont traversée nos pères, qu'une ivresse de scélérats, c'est déshonorer l'humanité et diffamer le bon sens public. Plaignez les victimes, détestez la nécessité ou l'erreur des bourreaux, mais ne remuez pas toujours ces ombres qui n'ont rien à faire dans le monde des vivants!

—

Le P. Gratry prêche l'union, la concorde; il offre la coupe à tous les partis, mais en même temps, il dit à ceux qu'il veut réconcilier : — Vous, vous boirez du vin de vos vignes, et vous, vous boirez du sang que vos pères ont versé! mais vous trinquerez ensemble!

Cette communion d'Atrée et de Thyeste, sournoisement offerte, sous prétexte d'effusion, est la maladresse éternelle de ceux qui n'ont pas l'âme assez haute pour rester fidèles à la raison, jusque dans ses vertiges.

Laissons le sang figé sur la terre qui l'a reçu!

Chaque parti a ses victimes et a eu ses bourreaux ! L'histoire est un cimetière ; la vie plane au dessus.

———

Que dans une assemblée littéraire, que dans une solennité où toute controverse est impossible, on se livre à de pareilles provocations, c'est là un manque de goût, d'esprit, de justice et surtout de savoir, qui rouvre les abîmes, au lieu de les fermer.

———

Tout naturellement M. Vitet, petit-fils d'un conventionnel, n'a pas défendu la Convention ; mais en revanche, il a loué, dans M. de Barante, la fidélité à des principes conservateurs, qui ont fait de l'historien des *Ducs de Bourgogne*, un fonctionnaire sous tous les régimes.

Sous-préfet en 1807, préfet en 1809, heureux de voir l'Empereur signer à son contrat de mariage, à la veille de 1814, M. de Barante n'a cessé de servir que pendant l'intervalle des cent jours. Il fut assez hardi pour se réserver, à l'heure où le sol était mouvant. Sa prudence lui est comptée aujourd'hui comme un acte viril.

Après Waterloo, il n'a plus le souvenir de l'homme qui a signé à son contrat. Il devient conseiller d'État et défend devant les Chambres le monopole du tabac. La Régie lui doit un monument ; les priseurs ne sauraient lui pardonner.

Devenu pair de France, casé dans l'indépendance de l'inamovibilité, il manifeste quelques symptômes de cette opposition avantageuse, grâce à laquelle on plaisait au public sans déplaire outrageusement au pouvoir : 1830 le prosterna dans le parti conservateur. Il fut un des plus énergiques à flétrir la campagne des banquets, à demander des répressions et à ne pas voir venir la catastrophe qu'il provoquait.

Cette perspicacité le prédisposait à écrire l'histoire de la Révolution et le chapitre le plus difficile de cette histoire. Pour se venger de 1848 qui l'avait culbuté, il *improvisa*, dit M. Vitet qui le loue de cette improvisation, trois volumes sur la Convention; et c'est ce travail hâtif, pamphlétaire, fait par rancune, que l'on nous donne comme un jugement définitif et sans appel !

—

Non, l'histoire de la Convention reste à faire, comme il restera toujours quelque chose à écrire sur la vanité des historiens, sur la fatuité des hommes d'État, sur la puérilité des académiciens. M. Vitet parle dédaigneusement de *l'innombrable foule* qui se mêle d'écrire; il semble que la faculté de traduire son opinion par la plume, soit pour lui un privilége. Est-il bien sûr de ne pas rentrer plus tard dans cette foule épaisse? L'ancien député de Louis-Philippe a la vocation des majorités compactes.

Quant aux parodistes du comité de salut public en 1848, dont le satisfait de 1847 se moque avec tant de courage, vingt ans après, ils ont borné leur cruauté à destituer le fonctionnaire de M. Guizot ; cette rigueur leur vaut une haine qui s'épanchait agréablement jeudi dernier, mais dont la manifestation manquait d'à-propos.

—

En somme, dans les deux discours, on chercherait en vain un sentiment qui profite, un mouvement qui électrise, une expression qui élève. M. Vitet vante le style comme le P. Gratry vante la paix, de façon à les faire peu envier. C'est le néant de l'esprit proclamé par le néant de la phrase.

Je disais que les lions de la façade de l'Institut ne servaient plus de fontaine ; c'est que les jours de réception, le robinet coule à l'intérieur. L'Académie, jeudi dernier, a filtré de l'eau claire de quoi combler je ne sais combien de seaux !

XIII

A Son Altesse Royale Frédéric-Auguste-Guillaume-Charles

Ex-duc de Brunswick et Limbourg, chef de la maison royale des Guelfes, etc., propriétaire à Paris.

9 avril.

Monseigneur,

Je ne songeais pas plus à vous que n'y songent sans doute vos anciens sujets, quand les journaux publièrent votre protestation contre les effets de la révolution du 7 septembre 1830, et les titres de votre dynastie... à un remboursement.

Je soupçonnai qu'un prince économe, qui revendique ses biens, ne jette pas par les fenêtres une publicité inutile, et je conjecturai que vous aviez sans doute de bonnes et excellentes raisons pour espérer une restauration.

Dès lors, monseigneur, je résolus d'être le premier, non pas à devancer la justice du peuple (cela ne me regarde pas), mais à vous soumettre une pétition ; tous les gouvernements, hors celui que vous préparez, étant déjà encombrés de pétitions, et ma requête ayant peu de chance d'être discutée dans un Sénat actuellement en exercice.

———

Un Anglais ne passait jamais à Rome, devant certaine statue de Jupiter, sans lui tirer gravement son chapeau ; et, comme on lui demandait la raison de cette politesse, il répondit :

— Si le christianisme succombe dans la lutte engagée contre l'Église, Jupiter me paraît le seul Dieu tout prêt à prendre la suite des affaires ; il se souviendra que je l'ai salué dans sa disgrâce.

Vous n'êtes pas Jupiter en personne, monseigneur, vous seriez plutôt le galant dieu Mars ; mais comme nous avons vu en Europe des restaurations plus improbables, vous avez autant de chances d'être accueilli à bras ouverts, que vous vous en croyiez peu d'être expulsé jadis à poings fermés ; et je serais plus surpris si votre confrère Orllie Antoine Ier, souverain d'Araucanie et de Patagonie remontait sur la touffe d'herbe constitutionnelle qui fut son trône.

Les manifestes de Brunswick sont célèbres d'ailleurs par leur infaillibilité ; votre aïeul menaçait de prendre Paris ; vous en êtes aujourd'hui un bel ornement. L'accomplissement de cette prophétie vous portera bonheur ; et si le ciel vous avait accordé des enfants légitimes, je ne doute pas qu'ils n'eussent eu la gloire un jour de porter au front, dans leur couronne, les beaux diamants que vous possédez par la grâce de Dieu, et que vous portez modestement en boutons de gilet et de haut-de-chausses.

—

Supposons donc, monseigneur, que les lampions, qui sont la preuve la plus éclatante de l'enthousiasme populaire, viennent de s'allumer, et que dans le château héréditaire qui vous a reçu, vous préparez une constitution ; car il n'y a pas de bonne restauration sans une constitution nouvelle. J'interviens alors, et je vous présente la supplique suivante, en vous priant de la méditer, de ne la confier ni à messieurs vos sénateurs, qui pourraient l'égarer sans y répondre ; ni à certains officieux qui pourraient la fourrer dans des paquets compromettants, et dénaturer son texte.

—

Je suis convaincu, monseigneur, qu'en faisant droit à ma pétition, vous rassurez les pères de famille, vous garantissez les traitements des hauts fonctionnaires, ce qui est garantir l'avenir des dévouements, et vous vous installez plus solidement sur le trône, que si vous aviez une armée de plusieurs millions d'hommes.

—

Le danger des dynasties, c'est la pensée. On dit ailleurs que c'est le matérialisme ; ne le croyez pas. Puisque les intérêts matériels sont ceux que l'on rassure d'abord, que l'on consulte ensuite, leur extension même exagérée ne saurait être nuisible ; et le principe spiritualiste par excellence est celui qui réclame dans ce moment, avec le plus d'autorité, le maintien de son pouvoir temporel, c'est-à-dire une garantie matérielle.

Vous l'avez déjà compris vous-même, monseigneur, vous qui, depuis trente-huit ans, revendiquez avec une persistance si héroïque votre fortune privée, et qui parmi tous les livres nécessaires à l'enseignement et à la consolation des princes, voulez sauver surtout le livre de caisse.

—

Ne permettez donc jamais dans vos Etats, sous prétexte de liberté d'enseignement, la propagande des idées de sacrifice, de pouvoir à bon marché, de gratuité même. C'est avec ces idées-là qu'on perd l'élégance des habitudes, le luxe indispensable, les vices qui rapportent au budget, et les gros appointements qui stimulent l'ambition.

Tout le monde est d'avis que la paix tient à l'harmonie des rouages d'un gouvernement; or, puisque les rouages d'en haut sont dorés, pourquoi les rouages d'en bas n'auraient-ils pas aussi leur dorure? et puisque l'or donne et favorise toutes les convoitises, pourquoi voudrait-on refréner les appétits matériels?

Un peuple ne peut pas plus vivre de l'air du temps, de l'azur du ciel et des fleurs, qu'un prince ne se nourrit de cantates, et qu'un journaliste officieux ne s'engraisse de son admiration désintéressée pour les fonds secrets.

—

Ce qui fait l'agitation, le trouble, l'incertitude dans la politique; ce qui oblige les gouvernements les mieux intentionnés à publier parfois des manifestes et des prospectus, c'est précisément que tout n'est pas encore et uniquement assujetti aux influences saines, logiques de la matière. Quand on se contentera de la vie douce, des belles villes, des beaux palais et des belles troupes, il n'y aura plus ni guerre civile ni guerre de nationalité.

—

Faites donc, monseigneur, comme on fait avec tant de succès dans les États modèles qui n'ont plus de révolutions, et qui n'en auront jamais plus.

Commencez par la jeunesse. Empêchez-la de fréquenter les philosophes, et persuadez lui que toutes les démarches bruyantes, que toutes les pétitions généreuses, que tous les tumultes sont fomentés par des repris de justice. Il n'y a que ces gens-là qui aient un intérêt visible à la liberté, donnez aux enfants l'amour des choses solides, le respect des majorités. Habituez-les à plier sous le nombre ; ils se mettront plus facilement à genoux plus tard devant les gros chiffres.

—

Les poëtes sont des ennemis; ce qu'ils appellent l'idéal est une sorte de société secrète insaisissable et invisible qui prétend régenter les âmes et se passer de l'estampille de la police. Comme vous ne pouvez claquemurer l'idéal, chassez les poëtes ! Vous êtes le chef de la maison royale des Guelfes, souvenez-vous de Dante le Gibelin, et n'oubliez jamais que les écrivains de génie sont fatalement de l'opposition.

—

Préservez donc la jeunesse du génie. Défendez-lui les beaux vers, les vers héroïques. Les pères ne pourraient plus fausser de serments, si les fils avaient des préjugés sur la fidélité à la parole donnée, sur la justice, sur toutes les billevesées de la morale.

Les chevaux et la musique sont d'une grande

ressource pour occuper les adolescents. Les concours hippiques, les courses, les gymnases, les exercices du corps, voilà de quoi dompter les tempéraments sanguins.

Persuadez-leur que tous les triangles égalitaires sont des trapèzes.

Quant à la musique, elle fait merveille sur les tempéraments lymphatiques, et l'orphéon est un excellent moyen de discipline.

—

Si les chevaux et les musiciens ne suffisent pas, s'il faut enfin permettre à Télémaque de lorgner Eucharis, sachez, ô Mentor ! que la satiété et le dégoût sont les meilleurs préservatifs ! Blasez vite les jeunes gens sur ce chapitre dangereux. Rassasiez leurs regards par les exhibitions les plus libérales ; qu'ils apprennent à mépriser ce sexe auquel ils ne doivent que de l'argent.

Construisez des théâtres si luxueux qu'on ne puisse y représenter que les jardins d'Armide. Bâtissez des maisons si riches qu'il faille beaucoup de ressources à l'amour pour y mettre le duvet de son nid. Faites que toute mansarde soit un boudoir, et comme il est juste de sacrifier à la démocratie, dans nos sociétés modernes, obligez les fils de famille à se ruiner d'abord pour les filles de leurs concierges ; cela éparpille et fait circuler la richesse. Ne vous inquiétez pas du chiffre croissant des bâtards et des infanticides.

Il faut bien des recrues pour la réserve de l'amour et des tribunaux.

—

Quand la jeunesse énervée, fatiguée, à bout d'argent et de sève, voudra s'installer dans cette convoitise à deux, qu'on appelle le mariage, montrez-lui de loin les traitements, les honneurs, les décorations, et faites-lui comprendre que le but de la vie, c'est de vivre, et que par ce temps de cherté, on ne vit bien qu'en se vendant cher.

Ne craignez pas de révolution, de propagande subversive de la part d'une jeunesse qui s'est préparée dès l'enfance à la maturité. Le luxe est le meilleur des freins, et le luxe est devenu une nécessité comme la garde mobile.

—

Le commerçant a besoin de commandite ; l'artiste a besoin de commandes ; le journaliste doit payer le droit d'écrire, le droit de se tromper, et surtout le droit de dire la vérité. Le prêtre ne saurait se passer d'une église dorée, pimpante, qui fasse recette. Le soldat sait qu'il y a un lingot dans un bâton de maréchal.

—

On tolérait autrefois des clubs, des congrès, des assauts de paroles ; c'était l'outre des tempêtes : c'est ce qui vous a chassé de Brunswick.

On a remplacé tout cela par l'exposition des richesses nationales, internationales, et ces fêtes qui coûtent gros n'exigent aucun désintéressement de ceux qui les entreprennent.

Vous le voyez donc, monseigneur, le couronnement de tout édifice social doit être, comme la couronne des rois, en or pur ou en ruolz. Une pétition contre le matérialisme serait une pétition contre l'ordre logique. On a tout matérialisé, et on ne s'en trouve pas plus mal.

Un professeur qui, dans une chaire quelconque, enseignerait autre chose que la suprématie de la matière, serait un séditieux qui ne suivrait ni les discussions des Chambres, ni le mouvement de la littérature réaliste, ni la Bourse, ni les théâtres, ni les expropriations. Il faudrait l'expulser au plus vite; et si, pour comble de folie, il était médecin, il faudrait lui déchirer son diplôme.

Dans une société qui n'a plus que des estomacs, et qui ne s'occupe que d'améliorer les constitutions... physiques, un médecin qui parlerait de l'âme, de l'esprit, des chimères, manquerait à son mandat. Il n'y a plus de place pour les rêveries aux étoiles. Les étoiles elles-mêmes ont un tarif; elles sont cotées.

—

J'ose donc espérer, monseigneur, que si vous rentrez jamais dans le château de vos pères, vous n'oublierez pas cette humble requête, et qu'après avoir nommé un pouvoir conservateur, pour faire des conserves, vous lui enjoindrez d'établir sur des bases solides le règne de la matière qui empêche le règne des idées.

Pas de presse libre, on aimerait à la lire! pas d'enseignement libre, on s'y intéresserait! pas de droit de réunion, cela déplaît aux gens de police! pas de regard dans la vie privée, cela oblige à soigner les murs et la conscience! pas de vie publique, cela met tous les jours en question la moralité du gouvernement! pas de littérature à idées, cela surexcite! pas de théâtre pour faire des hommes; mais des théâtres pour faire des femmes!

De belles rues, de belles maisons, de beaux jardins, de belles casernes, des squares, des parcs, une succursale pour la prison des journalistes, un hôpital de plus pour les artistes; voilà l'essentiel. Hors de là tout est mystère et danger!

C'est ainsi, Altesse, que vous vous maintiendrez sur le trône; si par hasard une nouvelle chute venait contrarier mon horoscope, je n'hésiterai pas à reconnaître que mon système est défectueux; mais comme les autres systèmes n'ont pas profité davantage aux dynasties, j'oserai vous engager alors à renoncer au métier.

Quand on a des rentes, à quoi bon se donner tant de tracas!

XIV

LES FILLES LIBRES-PENSEUSES.

A Monseigneur Dupanloup, *évêque d'Orléans, membre de l'Académie française.*

18 avril.

Monseigneur,

Vous êtes le plus grand écrivain de l'épiscopat français et le plus fécond des académiciens.

Cet éloge, qui ne coûte rien à ma franchise, blessera votre modestie, mais rassure ma conscience, au début d'une lettre qui ne sera pas sans doute jusqu'au bout un encensoir.

Chaque semaine, même la semaine sainte, voit un nouvel appel de vous à la curiosité du public ; vous seul n'êtes jamais fatigué de vos œuvres ; vous ne vous reposez pas d'écrire, parce que vous ne vous reposez pas de haïr... la libre-pensée ; et dans les jours de pénitence, vous redoublez d'acrimonie pour ajouter aux mortifications du carême. On voit bien, monseigneur d'Orléans, que vous êtes évêque au pays du vinaigre ; reste à savoir si nous serons confits.

—

Dans une abominable féerie, que je vous dénonce comme l'œuvre de matérialistes fieffés, une pauvre jeune fille qu'on appelle *Peau-d'Ane* exécute, en un tour de main et sans y rien comprendre, un gâteau mirobolant avec une infinité de croquants et de sucreries, rien que par la puissance d'un anneau. Monseigneur, vous avez au doigt l'anneau de Peau-d'Ane, et c'est miracle de voir s'édifier sous vos mains, galettes, brochures, brioches et manifestes.

Quel temps vous reste-t-il pour conduire vos ouailles et prier ?

—

Mais, répondrez-vous, qui travaille prie !

C'est justement à cet aveu, que je veux vous amener, monseigneur. Ne reprochez donc plus aux honnêtes mères de famille de chercher du travail pour les honnêtes jeunes filles ; car si le travail est une prière, les écoles professionnelles sont des écoles de piété.

Vous êtes pasteur dans un pays qui honore

une bergère active et pratique. Jeanne d'Arc ne se contentait pas de prier le jour où le foyer commun était en danger ; elle prenait bel et bien les armes et se faisait soldat ; elle travailla elle aussi. Il est vrai que l'Église la fit brûler pour avoir agi comme une libre-penseuse ; mais il est vrai également que vous avez fait son éloge.

—

C'est le patriotisme de Jeanne d'Arc et sa vertu, jusqu'au devoir du mariage, que les écoles professionnelles veulent enseigner. On n'est pas patriote seulement pour les horions donnés aux ennemis ; de même qu'on n'est pas homme d'évangile seulement pour les injures et les diffamations que l'on distribue.

—

Honorer son ménage, donner de bons exemples à ses enfants, participer à la tâche commune par un effort quotidien, par le travail des mains, par le rayonnement de la pensée, c'est le patriotisme modeste des femmes, celui qui s'apprend aux ateliers de ces écoles, et qui ne s'apprend pas toujours suffisamment à l'Église.

Dans votre diatribe contre les écoles professionnelles, publiée par l'*Union*, la foi vous emporte, monseigneur, au-delà de la bonne foi, et il se trouve qu'en perdant les vertus de modération qui sont des vertus épiscopales, vous perdez toutes les qualités de l'esprit et du bon goût, qui sont des vertus académiques.

Moi qui n'ai plus assez de religion pour savoir injurier, j'essayerai de vous répondre sans insultes, et je n'oublierai pas que vous portez une robe. Libre à vous de l'oublier en parlant à des femmes. C'est rivalité de costume.

.—

Mais la robe est l'uniforme de la diplomatie; et vous, monseigneur, qui avez reçu le dernier soupir de Talleyrand, vous commettez des maladresses de violence, d'injustice que le dernier des Basiles saurait éviter.

C'est assez de M. Veuillot pour diviser le parti et pour faire des athées.

J'ajoute que le temps n'est pas propice aux dénonciateurs. Les lauriers de M. de Kervéguen n'empêchent que lui de dormir.

—

Vous attaquez les écoles professionnelles, dont le but est *excellent*, dites-vous, mais qui ont le tort dans la pratique d'exclure la religion des exercices intérieurs de l'école. Vous voyez là des foyers de pestilence morale, des pépinières de libres-penseuses. On ne fera pas, comme dans vos saints ouvroirs, des membres de confréries, des jeunes dévotes; non. Mais on fera, avec plus de garantie peut-être, des honnêtes femmes.

Croyez-vous, monseigneur, que la piété préserve mieux l'innocence que ne la préserve le travail ? Croyez-vous qu'on ne trouverait pas au-dessus de l'oreiller d'une fille déchue quelque objet de dévotion ? Je ne parle pas des madones qu'on voile fort à propos dans les boudoirs et dans les mansardes d'Italie ; mais en France, à Paris, croyez-vous qu'il n'est pas plus rare de trouver un métier à coudre qu'un chapelet ou qu'une médaille bénite dans une chambre profanée ?

Je sais bien que c'est de la mauvaise dévotion ; mais il n'y a pas de mauvaise ardeur au travail. Toute aiguille qui coud a sa bénédiction, qui protége mieux qu'un rosaire indulgencié.

Est-ce à dire que l'on ferme *systématiquement* le cœur des jeunes filles à ces rosées du ciel qui soulagent et qui réconfortent parfois l'esprit humain ? En leur enseignant une profession, leur dessèche-t-on le cœur, et leur interdit-on les rêves infinis, les actes de foi, la prière même ? Non ! C'est ici, monseigneur, que votre loyauté trébuche et feint de ne pas voir.

Vous lisez les prospectus de ces écoles, mais vous *omettez le passage essentiel*, et je vais vous faire juge vous-même de votre justice, sauf à vous, monseigneur, à adresser ensuite des excuses aux femmes recommandables que vos insinuations blessent dans leur conscience.

Les écoles sont ouvertes aux enfants de toutes les religions.

Voici ce que dit le prospectus :

« L'École compte parmi ses élèves des enfants de différents cultes; *la volonté des parents pour l'accomplissement des devoirs religieux, est scrupuleusement observée ;* l'administration veille avec la plus attentive sollicitude à ce que l'enseignement intérieur de la maison, inspiré d'ailleurs, dans toutes ses parties, par une morale austère, ne puisse blesser la foi religieuse de personne. »

—

La mission des dames qui se sont faites maîtresses d'école ne cesse pas après les leçons. Quand elles ont donné un état, les éléments d'un art industriel, la ressource de tout un avenir de travail et d'économie pour la jeune fille qui sera femme et mère un jour, elles ont soin, en plaçant ces néophytes du labeur humain dans les ateliers, de réclamer des garanties pour la conscience de ces jeunes filles ; elles posent pour condition que chacune d'elles sera libre dans l'exercice de sa foi ; et je sais, moi qui n'ai pas besoin de confesser des bigotes alarmées pour être initié à ces règles connues de tout le monde, que ces conditions exigées, très-faciles à obtenir pour des catholiques, un peu moins aisées pour des protestantes, sont souvent difficiles pour des israélites, mais sont invariablement maintenues.

C'est ainsi que l'on ruine la religion en l'abandonnant aux familles. Mais reconnaissez, monseigneur, que si les familles sont impies, indifférentes ou tièdes, ce n'est pas au comité des dames patronesses à réchauffer leur zèle et à les catéchiser. Croyez-vous donc qu'il soit mal de contraindre les parents à penser un peu par eux-mêmes aux choses de la religion, à devenir responsables des croyances de leurs enfants, et à ne pas s'en rapporter exclusivement aux couvents, aux religieuses, aux prêtres, aux pasteurs, aux rabbins?

En laissant l'enseignement religieux en dehors de l'enseignement professionnel, en maintenant l'autel éloigné du comptoir, les fondatrices de ces écoles ont rempli le rôle maternel d'union, d'apaisement, de charité, qui est dans la mission de la femme. Elles n'avaient aucune propagande religieuse à faire, aucun anathème à jeter ; préparant de jeunes filles pour la vie du travail, du ménage, de la famille, pour le mariage enfin et non pour le célibat, elles avaient à développer les qualités pratiques, les vertus positives ; elles avaient à surveiller la raison, plus difficile à former que le cœur.

Quant aux rêves, aux épanchements secrets

avec Dieu, avec le confesseur, le pasteur ou le rabbin, cela ne les regardait en rien et ne devait pas les regarder. L'église et le temple sont ouverts, que chaque mère de famille y conduise ses enfants; c'est une affaire de devoir intime. La liberté à cet égard est la seule prévoyance bien entendue; j'ajoute à la liberté le conseil, mais rien de plus.

—

Ces dames que vous trouvez *admirables* dans vos petites notes, monseigneur, pour les égratigner plus à l'aise dans votre article, n'ont voulu qu'une chose sainte, féminine et patriotique: *améliorer la condition des jeunes filles dans les classes laborieuses.*

La propagande de la Saint-Barthélemy disait: « Tuons tout le monde, Dieu reconnaîtra les siens! » La propagande de la fraternité moderne dit: « Sauvons tout le monde, Dieu s'y reconnaîtra plus facilement. »

—

Telle est l'intention des fondatrices, des directrices de ces écoles dont le progrès vous désespère comme tout progrès. Mais, monseigneur, puisqu'il est au monde tant de bonnes âmes que la tolérance scandalise, pourquoi ces âmes-là ne font-elles pas concurrence à nos écoles professionnelles? Mettez les familles à même de choisir ; essayez, ouvrez des ateliers ; proclamez la nécessité de l'orthodoxie pour apprendre la tenue des livres, et que nulle ne puisse être couturière, graveur, peintre sur porcelaine, sans un billet de confession !

Nos femmes se chargeront des filles de renégats et d'hérétiques que vous condamnerez à la misère. Il vous restera tant de filles catholiques à instruire, à préserver !

Quant aux fondatrices et aux fondateurs, monseigneur, avec quel impitoyable courage vous y touchez, parce qu'ils sont morts ! Hamlet ne manie pas avec plus d'ironie les ossements du cimetière. Vous vous indignez qu'on ait enseigné la reconnaissance aux élèves, et qu'on les ait conduites aux tombes de leurs bienfaitrices ? La leçon de l'honneur, de la dignité dans la vie, donnée en présence d'un cercueil, vous scandalise. On dirait que vous avez des entrées d'artiste sur le théâtre de la mort ; que vous savez ce qui se passe derrière la coulisse ; que vous avez vu les acteurs sous leurs masques, et que vous nous défendez de croire aux vertus qu'ils nous montraient !

Justifiez mieux vos prétentions, monseigneur, sinon, je croirai toujours qu'Alexandre Bixio, pour s'être endormi calme, confiant, dans les bras de ses enfants, après une existence remplie de bonnes actions, et pour avoir préféré le cortége de toute une ville, de tous ceux qu'il avait aidés, secourus, aimés, aux pompes salariées que l'Église ne refuse jamais à personne, a donné une grande leçon de courage, de simplicité, de foi en l'immortalité !

N'est-ce pas, Villemot, qu'il ne faudrait pas insister beaucoup sur ce souvenir pour raviver les larmes que vous avez versées au chevet de cet ami sur la tombe duquel on peut écrire : « Ci-gît l'homme qui a le plus obligé de monde dans sa vie ! »

Voulez-vous que j'avoue un soupçon, monseigneur ? Je crois que vous en voulez moins à Bixio d'avoir été un libre-penseur, que d'avoir, par lui et par les siens, aidé à cette libération de l'Italie qui menace la capitale de l'Intolérance ? Toute occasion est bonne pour satisfaire une rancune.

—

Mais Bixio n'est qu'un homme, et c'est aux femmes, aux femmes mortes, que vous vous attaquez de prédilection, à celle surtout qui a eu la première idée des écoles professionnelles, et qui, après une existence de charité, d'austérité, de devoir modeste, s'est endormie calme aussi et souriante, à madame Lemonnier, que vous vous gardez de nommer, mais dont vous écrivez la lettre initiale, et dont vous travestissez singulièrement la biographie.

Ici, monseigneur, vous brisez tous les respects : l'honneur de la vie, la dignité de la mort, et je glisserai légèrement par pudeur pour vous-même. Oh ! je sais ! vous prenez vos précautions. Vous dites dans une note : « Plusieurs de ces dames, si elles avaient eu le bonheur d'être chrétiennes, auraient pu être des femmes admirables. »

Il paraît qu'après une note ainsi rédigée, tout est permis. On a le droit de tout dire, de tout insinuer, et vous rappelez-vous bien, monseigneur, ce que vous avez osé écrire sur le compte de cette mère de famille irréprochable ? Je vous cite textuellement :

« Elle se convertît résolument au saint-simonisme, malgré les résistances de sa famille, pour suivre dans cette voie nouvelle M. L..., que plus tard elle épousa. »

Comprend-on bien tout ce qu'il y a de malice, d'insinuation, d'injure dans ces mots : *que plus tard elle épousa ?* Saint-Simonienne d'abord ! amie par surcroît, *plus tard, le plus tard possible,* épouse ! Voilà ce que vous voulez laisser croire ; voilà ce que vous tirez par artifice de la biographie d'une honnête femme, écrite par son mari ! Et ses fils vous liront ! C'est merveilleux d'induction et de calomnie !

J'ai promis de vous épargner, monseigneur ; arrêtons-nous et laissons tomber à terre cette vilenie, ce mensonge, qui ne descend même pas jusqu'au front de la morte.

Vos attaques contre les personnes sont donc aussi impuissantes que vos attaques contre l'idée. La violence conseille mal. Basile disait : « Calomniez, il en reste toujours quelque chose. »

C'est vrai ! il reste l'éclaboussure au calomniateur.

Je ne raconterai pas la vie de madame Lemonnier, qui fut une vie d'aspiration généreuse, de dévouement, de sacrifice. Vous la traitez de libre-penseuse, cette mère de famille; écoutez l'expression de sa libre pensée ; voici l'adieu qu'elle donnait à ses enfants des écoles :

« Il n'y a de fille bien gardée que celle qui se garde. — Aimez la vertu, la bonté, le courage, la sincérité, la justice. Rendez vos pensées et vos affections pures et chastes, et conformez vos actions à vos pensées. Vous savez si vous remplirez nos cœurs de joie en suivant le chemin de la vertu ! Demandez souvent à Dieu de vous aider à vous y maintenir ; son assistance ne fait jamais défaut ; mais cette assistance, il faut la mériter. »

Si vous appelez cela de la libre-pensée, quel nom donnez-vous à l'enseignement de l'Evangile ?

—

Je finis. Un jour, cette femme libre-penseuse songea à invoquer l'Église, le dévouement épiscopal. C'était pendant les événements de décembre 1851. Au premier coup de fusil, madame Lemonnier se sent envahie par l'horreur de la guerre civile. Elle venait d'aller embrasser son fils à Sainte-Barbe. Elle pense à toutes les mères que les balles peuvent faire veuves ; elle va trouver une amie, lui communique son projet, et voici ces deux femmes fortes, selon la Bible, qui courent à l'évêché. Monseigneur Sibour est enfermé, il ne reçoit personne. Pour qui fait-il des prières ? Ces dames insistent, l'archevêque apparaît :

« Monseigneur, lui disent-elles d'une voix émue, le sang a coulé dans Paris, il coule encore ! Nous sommes femmes, épouses, mères de famille ; nous voulons étouffer la guerre civile ; nous venons demander votre aide et chercher votre assistance. Rendez-vous à Notre-Dame, assemblez votre clergé, prenez vos habits de fêtes, déployez vos bannières, faites briller vos croix : nous, femmes de Paris, de tout âge, de toutes conditions, nous marcherons avec vous, nos enfants par la main ; tous ensemble, nous irons à la rencontre des troupes ; nous verrons bien si des soldats français oseront tirer. »

—

Voilà la démarche de cette libre-penseuse. Étonnez-vous qu'elle ait gardé un peu de défiance de l'Église. La réponse de Mgr Sibour, vous la prévoyez. On lui rappelait son prédécesseur. Hélas! il n'y songeait que trop : c'est ce qui le retint. Il refusa. Il ne voulut pas jouer le rôle de saint Ambroise. Ce rôle vous eût-il tenté davantage, monseigneur ? Je n'attends pas de réponse.

XV.

LES LIONS ET LES CREVÉS.

2 mai.

On a fait sur le progrès des lettres un rapport auquel manque la statistique des écrivains qui deviennent fous et des désespérés qui deviennent préfets ou sénateurs.

La conclusion sous-entendue de ce rapport qui ne conclut pas, c'est que tout est pour le mieux dans le meilleur des mondes, et que le beau Dunois, revenu pour toujours de la Syrie, n'a plus qu'à chanter sous l'orme où son écharpe enlace l'épée à la lyre : « Honneur à la plus belle et gloire au plus vaillant ! »

Quant au matérialisme, il reste écrasé par le silence de ce rapport.

Impossible de paraître l'oublier avec plus de mépris.

J'aurais souhaité pourtant, qu'à côté de l'éloge des moissons, on nous traçât le portrait de quelques moissonneurs.

Pour qui donc écrivent et pensent ces talents variés, dont *les plus modestes* (cela veut-il dire les plus médiocres ?) *reçoivent toujours*, selon M. de Sacy, les encouragements du pouvoir ?

Les mœurs sont en relation directe avec les idées : pourquoi M. le ministre n'a-t-il pas eu la bonne pensée de demander un rapport sur les mœurs de la jeunesse, sur ses plaisirs?

—

On fait des expositions d'animaux reproducteurs ou reproduits ; on met au concours les différentes espèces que l'agriculture idéalise en les matérialisant. Je ne vois pas pourquoi M. Duruy nous a refusé une exposition de *cocodès*, de *petits crevés*, puisque c'est ce public-là qui fait le progrès des lettres, et qui s'inspire de la littérature courante et courue?

Le tableau des viveurs serait, après tout, un des aspects du tableau de la vie ; et, quand l'histoire remue le tas d'une génération liquidée et balayée, elle s'arrête avec autant de philosophie devant un masque de carnaval, devant un débris de souper échappé de la hotte, que devant un manuscrit de sénateur, ou devant un haillon brodé qui fut un habit d'écrivain officiel.

—

Ce rapport qui manque, je veux en indiquer la conclusion.

Un livre intéressant, les *Mémoires du vicomte d'Aulnis*, par M. le comte d'Alton Shée, me fournit le prétexte naturel de comparer la génération bruyante et exubérante qui fit ses folies de 1830 à 1848, à cette génération pâle, cacochyme, silencieuse, qui *sirote* ses petites tisanes, depuis l'entrée définitive de la France dans la voie de la paix, du progrès et de la gloire !

—

Le vicomte d'Aulnis a-t-il été un personnage réel ? M. d'Alton Shée, qui publie dans la *Revue moderne* des mémoires personnels, politiques et littéraires, a-t-il voulu réserver, afin d'en faire un épisode à part, certaines aventures un peu trop gaies pour les confidences d'un homme politique, un peu trop dramatiques pour la simplicité charmante des confessions d'un homme du monde ?

C'est là un point que je n'approfondirai pas. Ce que je sais, c'est que, dans ses *Mémoires* comme dans ceux du vicomte d'*Aulnis*, M. d'Alton Shée parle en termes exquis de cette fougue de passion, qui précipitait, après 1830, toute une génération, ardente à vivre, dans les plaisirs, dans les excès, et qu'il avoue avoir passé lui-même par cette fournaise.

—

Ah ! la belle vie ; mais la rude existeuce ! On était jeune sans honte, on s'amusait sans peur ! On répétait *le Lac* de Lamartine et on trinquait avec Musset ! On voulait se battre pour la Pologne et on inventait le *Cancan !* On applaudissait, des avant-scènes, Nourrit, Falcon, Levasseur, Duprez, Taglioni, les Essler, Mars, Rachel, Déjazet, Brohan, Arnal, Bouffé, madame Dorval, Frédérick Lemaître, et on allait ensuite, tout grisé de musique, de drame, noyer la poésie du rêve, dans la poésie de l'orgie !

On ne se couchait presque pas, surtout la nuit ; et on n'avait jamais sommeil. On semblait ne rien lire, et on savait tout par cœur ; on fatiguait son corps, et l'âme infatigable se rajeunissait par d'incessantes illusions. Au sortir du bal Musard, on allait aux leçons des réformateurs ; on dansait sur l'air de la *Saint-Simonienne.*

Un journal anglais racontait qu'on avait vu dans un quadrille de chicards, la pairie d'Angleterre faire vis-à-vis à la pairie française. Le pair de France d'Alton Shée, lisant cela au pair d'Angleterre, marquis d'H....., éclatait de rire, et buvait à l'union des fous !

—

C'était sans aucun doute abominable. Il vaut mieux ne pas manger ses revenus, ne pas boire ses rentes, vivre modestement ; ne pas chercher à réaliser les fantaisies des romanciers ou des poëtes; s'habituer, dès la jeunesse, à devenir bon époux, bon père, bon sénateur! Mais il faudrait aussi que les peuples n'eussent jamais de sursauts terribles, de fièvres révolutionnaires, d'enthousiasme à dépenser.

Ah! si l'on pouvait canaliser la sève et mettre des écluses au printemps !

—

Dans ce temps-là, le printemps extravaguait ; les appétits étaient fous ; les désirs étaient sans logique. Chose bizarre! c'était l'époque du réveil des arts, des chefs-d'œuvre littéraires; ce qui semble contrarier un peu la théorie du rapport de M. de Sacy, que le silence et la pâleur sont les meilleurs symptômes de renaissance et de progrès.

—

Aujourd'hui, il a neigé sur la tête de ceux qu'on appelait *les lions ;* mais, toute la vitalité dont ils avaient le génie, s'est réfugiée dans leurs souvenirs. On sent, quand ils parlent, qu'ils étaient forts. On comprend, à les lire, qu'ils étaient séduisants et séduits. Ils aimaient la vie et la vie les aimait !

Intrépides au duel, au jeu, au bal, à l'amour, à la guerre, à l'orgie, ils ne reculaient devant rien ; et ils communiquaient, par la vibration de leur jeunesse, une espérance à ceux mêmes qui s'épouvantaient de leurs folies.

Une génération pareille pouvait tout, excepté la soumission aux choses médiocres ; elle haussait le diapason en amour, en politique, en littérature ; pour la contraindre, il fallait s'en faire admirer.

Le jour de l'ennui et du mépris devait être un jour de révolution.

—

Les *petits crevés* ont succédé aux *lions*. Ces deux épithètes disent tout. Mais je voudrais qu'on nous démontrât ce que les mœurs ont gagné au changement et quel est le progrès accompli ? Ce n'est pas, en tous cas, le progrès de la santé.

Le seul des enfants prodigues du second empire qui ait voulu recommencer la vie des grands viveurs et jouer lui-même la pièce que nos efféminés modernes font jouer par d'autres, le seul qui ait tenté de descendre lui-même de la Courtille, s'est interrompu bien vite et est mort à la tâche. Il reste légendaire parmi ces enfarinés de la mode ; mais on se souvient de sa maladie encore plus que de ses prouesses, et l'on redoute de l'admirer trop !

—

Autrefois, dans le temps du vicomte d'Aulnis, les vicieux servaient leurs vices ; aujourd'hui, ils les font servir. Autrefois, on buvait, on aimait, on dansait, on se battait soi-même ; aujourd'hui, on paye pour regarder boire ; on paye pour regarder la grimace de l'amour ; on paye pour voir danser, et on paye pour assister à des pugilats.

Aimer, vivre et s'amuser par soi-même, cela fatigue, cela écœure, cela fait tousser. Chaque hypocrite de l'orgie tape de temps en temps sur sa colonne vertébrale, pour s'assurer que la moelle ne s'affaiblit pas, comme un bourgeois tape sur son baromètre avant de sortir pour la promenade. On craint de dépenser ses jours, comme s'ils avaient une valeur ; on devient avare de son souffle. Les mœurs ne sont pas plus pures, mais elles sont plus lâches. La jeunesse n'est plus effrontée ; elle est sournoise. On calcule ses jouissances, on suppute ses sentiments.

A ces gens qui s'amusent froidement, qui se glacent comme le champagne pour ne plus pétiller, il faut une littérature égrillarde, mais tranquille ; du réalisme sans éclat ; des choses que l'on puisse savourer seul ; des livres qui soient comme un trou dans un volet fermé ; on y met l'œil, on se risque un peu, mais on ne se donne pas tout entier.

—

Ce livre du *Vicomte d'Aulnis* avec ses aventures mondaines un peu hardies, mais de grande allure, avec son dédain de toute explication larmoyante, de toute sentimentalité phraseuse, coloré, humain, tapageur, spirituel, médisant de la réalité, ne calomniant pas l'idéal, ce livre restera donc comme le défi superbe de la santé, de la force, de la sève qui bouillonne, de la Révolution étourdie un instant sous les pampres, à une génération maladive, énervée, avide de volupté, avare de passions, qui hébète son cœur, déprave ses sens, qui vit de réaction et meurt de réactifs."

XVI

HANNETON, VOLE !

7 mai.

J'étais fort embarrassé ce matin pour commencer ma lettre. J'avais eu l'imprudence, en m'éveillant, de lire ce qu'on appelle le Discours de M. de Maupas au Sénat, et je me sentais devenu absurde et lourd pour toute la journée.

J'ouvris ma fenêtre; des gamins secouaient les arbres d'une promenade qui m'avoisine, et faisaient dégringoler des hannetons auxquels, ensuite, ils rendaient la liberté mitigée par un fil à la patte.

—

Les enfants ne se doutaient pas qu'ils étaient regardés par un journaliste, et que c'est toujours pour celui-ci un spectacle douloureux de voir des êtres ailés que l'on retient loin de l'espace et du ciel. Ils battaient des mains, tout comme des sénateurs, aux bourdonnements de leurs captifs, et quand les pauvres bêtes, se trompant à la longueur du fil, voulaient agrandir un peu le cercle dans lequel elles tournaient, on devinait en les voyant s'élancer et s'arrêter court, que leur petite patte avait craqué, et qu'un effort de plus les estropiait.

Alors, les hannetons tombaient sur la main de leurs bourreaux ; et ceux-ci pour les réveiller, les croyant endormis quand ils étaient blessés, leur criaient :

— Hanneton, vole ! hanneton, vole !

L'horreur et l'ironie de ce jeu sont si bien comprises par la philosophie populaire, qu'on en fait un symbole. Tout homme qui sent sa raison agitée, tournoyante, se meurtrissant les ailes aux parois du crâne, sans pouvoir s'ouvrir une issue, passe pour avoir *son hanneton*.

Il y a des hannetons de toute force : les uns exaspérés, violents, se débattent avec rage. Ils semblent terribles ; ils sont secourables, puisqu'ils sont les hannetons de la folie et qu'ils font mourir vite.

D'autres, légers, prudents, bourdonnent dans la cage, sans la secouer trop fort ; ils se cognent avec grâce, ils se meurtrissent avec coquetterie, ils amusent la cervelle ; ils sont plutôt papillons.

Ce sont les hannetons de la manie ; ils font vivre longtemps et ne nuisent pas à l'avancement.

Il en est enfin qui frappent en mesure leur prison, hannetons entêtés, moins sinistres que les fous, plus sérieux que les maniaques. Ceux-là savent bien qu'ils sont captifs, mais ils savent aussi qu'il y a de l'air libre, du bleu infini autour d'eux ; ils attendent. Ce sont les hannetons de l'idée fixe, des principes. Nés du printemps, accueillis par la jeunesse, ils restent fidèles à l'espérance.

—

Voilà les trois catégories de hannetons familiers aux grands enfants. Les gamins ont raison de secouer les arbres ; et leur refrain, après avoir été le chant de nourrice, devrait être la *Marseillaise* et le *De profundis* universel. On naît, on grandit, on aime, on rêve, on travaille, on se bat, on tue les autres et soi-même sur cet air : *Hanneton, vole !*

Quand on a parlé, il y a quelques semaines, des étranges hallucinations d'un journaliste éminent, d'un écrivain distingué, qui n'a pas perdu, parce qu'il déraisonne, toute chance de rentrer à la *Revue des Deux Mondes*, on a dit que l'orgueil, le sentiment trop vif de lui-même, était la raison de cette déraison.

C'était une erreur et une ironie. Le désespoir de ne pouvoir agir selon ses idées, de ne pouvoir trouver à l'activité de son esprit l'aliment logique et nécessaire, le désappointement de vieillir dans l'interrègne de la liberté ; voilà au fond la raison de ce vertige qui n'a pas frappé seulement celui-là, qui en a frappé d'autres, et qui en menace d'autres encore !

—

Quand on s'est exténué, usé le cœur et la tête à demander certaines choses ; quand on a cru vingt fois les avoir obtenues, et quand tout à coup on s'aperçoit que l'heure de la concession recule ; il se fait souvent une détente dans le cerveau ; on ne passe pas toujours sans danger de la foi au doute ; il y a une crise, une transition de désespoir qui se traduit par le ricanement. La liberté s'envole ; on la regarde se heurter aux arbres des boulevards stratégiques, et on lui crie : « Hanneton, vole ! »

—

C'est ainsi, et pas autrement, que tout finit par des hannetons.

N'est-ce pas l'impuissance qui fait bourdonner le hanneton de M. Dupanloup ? Il espérait avoir dans ses écoles toutes nos filles et tous nos garçons ; il espérait du moins que les écoles rivales ne produiraient que des coquins et des coquines ! Il s'aperçoit que les libres-penseurs ont de la morale ; que la bourgeoisie honnête se défie des confréries, et que l'opinion générale croit qu'il faut des mères de famille pour enseigner la vie de famille et de ménage, inconnue aux prêtres et aux religieuses ; le fougueux prélat s'irrite, s'exaspère, calomnie, menace, frappe...

« Hanneton, vole ! hanneton, vole ! »

—

Est-ce un effet du printemps ? de la déraison universelle ? mais l'air est rempli de petits bruissements d'ailes. Après les hannetons de l'épiscopat, voici les hannetons des journaux sans abonnés qui se vengent de leur isolement ; des feuilles sans gaieté qui se plaignent d'ennuyer seules et qui voudraient imposer leur tristesse ; hannetons de la mort, qui bourdonnent autour de la vie !

—

Tout le monde connaît les hannetons de M. Duruy. Ils ont de petites circulaires en guise de queues ; ils se croient libéraux parce qu'ils ne sont pas cléricaux ; mais en empêchant de parler ceux-ci, ils étouffent la voix de ceux-là. Bruyants et tournoyants, vivant de sonorité, traversant la poussière dorée par le soleil, ils attestent l'impuissance d'une bonne volonté, rendue illogique par son ambition.

—

Voilà le hanneton de l'*Union dynastique*, qui

voudrait fraterniser avec les abeilles, et qui remplace le hanneton du tiers-parti décédé l'année dernière!

Voici le hanneton de la commission de colportage, hanneton lourd, pesant, qui écrase les fleurs, qui assombrit l'aurore, qui ne veut pas que la brise soit la messagère de la poésie, des idées, du talent; hanneton anti-national, voulant rétrécir les vraies frontières de la patrie de Rabelais, de Molière, de Beaumarchais, de Paul-Louis Courier!

J'en passe et des plus mauvais!

Des hannetons sans conséquence se mêlent aux hannetons prétentieux.

Le hanneton de Nadar, qui veut vivre dans l'air supérieur pour échapper aux moucherons et aux mouchards, se heurte au hanneton de M. de Maupas, qui craint les courants d'air pour la constitution de l'Empire, et qui redemande un coup d'État pour ne pas rester plus longtemps inutile.

J'entends le hanneton libre-échangiste qui n'ose échanger librement ses raisons contre celles du hanneton protectionniste.

Les hannetons de M. Haussmann s'épanouissent au-dessus de Paris, cassant les fils que les gens économes veulent leur mettre à la patte, et se jetant par milliers à travers les jardins publics, pour dire ou pour faire dire:
« Vive M. le baron, le premier préfet de l'Em-

pire, et l'empereur des préfets ! » Hanneton, vole ! hanneton, vole !

—

Les hannetons ne sont pas tous de couleur sombre; il en est de jolis, de blonds, de transparents, les hannetons de ces dames, par exemple, les hannetons mondains qui portent sur leurs ailes les caquetages, les médisances, les calomnies. Les hannetons des femmes du meilleur monde qui veulent imiter les femmes de Mabille, qui veulent être épousées sérieusement; les hannetons des bas-bleus; les hannetons mystiques qui enlèvent les âmes au ciel et qui arrangent toutes sortes de petites comédies sur la terre, au profit de la charité; les hannetons qui volent au souffle des prédicateurs à la mode !

—

Depuis quelques mois, nous avons les hannetons de la garde nationale mobile, et ceux des francs-tireurs; nous avons aussi le hanneton de M. Belmontet, celui-ci a une lyre à la patte.

Je ne parle pas des hannetons sans position officielle qui vont furetant à travers la politique, hannetons correspondant avec les journaux, hannetons bulletiniers, porteurs de conseils, de nouvelles !

L'exposition de peinture a donné l'essor à une spécialité de hannetons, coléoptères de l'idéal et de la brasserie, hannetons du paysage, hannetons du portrait qui bourdonnent autour de leurs petits tableaux pour provoquer les compliments et faire le premier noyau d'un public.

Je ne parle pas des hannetons hippiques des hannetons dramatiques, ni des hannetons dont l'unique travail est de supposer des hannetons dans la cervelle des autres. Je n'en finirais pas! Que celui de nous qui est sans hanneton jette la première pierre aux gamins! Quant à moi, si je trahissais le mien, je me ferais une affaire avec le parquet, tant il a des bruissements séditieux et des coups d'ailes d'émeutier.

Ainsi le monde est aux bourdonnements. C'est la loi, c'est la condition du printemps. Petits garnements qui deviendrez vieux, et vous, vieux gouvernements qui devenez trop jeunes, n'attachez pas de fil à la patte de ces créatures ailées. Laissez-les s'enivrer de l'air libre; elles n'empêchent ni les fleurs ni les fruits, et elles ne font de bruit importun que quand on les enferme. Leur liberté est une des harmonies de la vie.

—

Allez donc, ô hannetons ennemis de l'estampille, élevez-vous plus haut que les maisons et les palais, pour échapper aux gamineries de tous les âges. Cachez-vous dans la profondeur du ciel, jusqu'à ce que les enfants et les vieillards taquins aient reconnu l'inutilité de leur taquinerie; jusqu'à ce qu'ils aient compris que les désastres et les pattes cassées de chaque printemps ne découragent jamais l'éclosion d'un printemps nouveau. Muets émissaires de la seule révolution qu'on ne puisse enrayer, volez plus haut, plus haut encore! prenez garde aux embûches de l'air; et si, par malheur, on vous met un fil à la patte, usez-le, ne l'arrachez pas! Il vient toujours une minute où l'entrave blesse et déshonore celui qui l'impose.

En attendant cette minute de rachat qui ne manque jamais, allez, par le vent, par la pluie, par la bourrasque, aussi bien que par le ciel bleu et par les souffles du printemps!...

Hanneton, vole! hanneton, vole!

XVII

LES ANES DE L'AVENIR

17 mai.

Je jure que je n'ai l'intention ni d'empiéter sur les droits de la critique en général, ni de faire une réclame en particulier à des peintres dont j'ignore le nom. Je veux simplement laisser échapper le cri de ma conscience devant deux tableaux de l'Exposition actuelle, qui m'ont ému comme deux pages d'histoire nationale.

Quand on voudra savoir où en sont la politique, la littérature, l'art, la philosophie, le droit du commerce, le commerce du droit, la galanterie, les administrateurs et les administrés, en l'an de crise européenne et de famine africaine 1868, il faudra regarder, contempler, étudier ces deux tableaux.

—

Je sais bien qu'ils ne représentent que des ânes dans l'exercice de leurs fonctions. Mais quels ânes! quelles fonctions! Où serait la finesse de l'artiste s'il peignait naïvement avec leur physionomie de tous les jours les gens qu'il veut offrir à la critique?

Au premier abord, en regardant ces deux toiles symboliques, on croit se trouver en présence de simples animaux! L'illusion ne dure pas longtemps. On se souvient de Midas dans ce siècle d'or, de palais, de féeries, et on voit bien vite qu'on a affaire à quelques originaux de sa famille ou de sa domesticité.

D'ailleurs, si nous réfléchissons un peu, nous reconnaîtrons que de tous les êtres vivants, en dehors de l'humanité, les ânes sont les seuls qui puissent convenablement, sans orgueil et sans vilenie, représenter les hommes de nos jours.

Il serait présomptueux de nous vêtir en lions; il serait vulgaire de nous affubler de peaux de moutons; nous ne sommes pas des aigles, et l'oiseau de Jupiter est retenu. Le chien est un représentant si exclusif de la fidélité, de la probité, qu'il n'a pas l'ampleur morale nécessaire au résumé de tous nos instincts; le singe est trop la grimace de l'homme; le bœuf est trop incomplet; le cheval, cette conquête qui nous a conquis à son tour, a trop de fierté. L'âne est tout juste à la mesure de notre héroïsme, de notre tempérament; il a nos vertus et nos défauts : l'amour de la servitude, la résignation aux chardons et aux coups de bâton, l'entêtement pour refuser d'obéir à la vérité, les longues oreilles pour savourer la musique.

—

On croyait autrefois que l'âne était un cheval dégénéré, comme une espèce de petit crevé de la race de Pégase, mais on a reconnu depuis sa nationalité, aussi incontestable que la nôtre. Il est âne de père en fils, comme nous sommes Français de fondation. Gentil, gracieux dans sa jeunesse, il devient laid, têtu, chauve dans son âge mûr. Il aime avec fureur le plaisir ; il en vit et il en meurt. Buffon raconte que, si l'on ne tempérait pas par des corrections appliquées à propos cette gaillardise chantée par les poëtes, la race diminuerait, comme diminue la nôtre.

Il est, ainsi que chacun de nous, bon fils, bon père, bon époux, bon citoyen ; il s'attache à son maître, souvent même en raison des duretés qu'il en reçoit ; quand on le tourmente trop, on croit qu'il va parler, hurler, protester, faire une révolution : « *Il ouvre seulement la bouche*, dit Buffon, *et retire les lèvres d'une manière très-désagréable, ce qui lui donne l'air moqueur et dérisoire.* » Mais il se borne à cette épigramme muette.

Le bâton le rend silencieux. Ordinairement il ne crie que quand il est pressé d'amour ou d'appétit. Il a donc ses poëtes lyriques et ses pamphlétaires, comme nous. On le prive de la voix par un procédé qui sert à nous en donner. C'est là la seule différence sensible.

J'ajoute que, très-utile de son vivant, l'âne a sur nous cette supériorité de servir encore après sa mort. Sa peau devient un parchemin excellent pour écrire les annales, et un tambour pour exciter les héros qui se font tirer l'oreille. Les anciens prenaient ses os pour en faire des flûtes sonores, sur lesquelles ils chantaient les louanges des dieux et la gloire des hommes!

———

Cette immortalité transcendante de la matière a de quoi déconcerter les immortels de nos académies, si inutiles déjà de leur vivant.

Je ne crois pas qu'on ait jamais essayé de percer des trous dans le fémur d'un vieux poëte décédé; mais je doute qu'on en put tirer un note. L'âne chante quand il ne peut plus braire; il s'élève au lyrisme quand il ne broute pas les chardons. Leçon bonne à méditer!

Un préjugé barbare fait de l'âne un sujet de moquerie; parce qu'on ne l'instruit pas comme le cheval, on lui reproche son ignorance. Mais pour le mépriser, avons-nous à l'accuser de méconnaître les leçons du passé, de trahir la mémoire de ses aïeux, de manquer à sa parole, de déserter sa tâche, son droit, d'être infidèle à la liberté qu'il ne connaît pas? Non. Si nous avions un juste sentiment de nos faiblesses, nous envierions les ânes; et je comprends maintenant que certains éducateurs de la jeunesse veuillent faire de nos enfants des ânes.

—

En attendant, sans en avoir peut-être conscience, des peintres naïfs nous donnent avec des portraits d'âne une leçon d'histoire, un conseil et une consolation. Profitons-en. Je ne sais, je ne veux pas savoir si la peinture est excellente; l'idée est bonne; elle me suffit. C'est d'ailleurs ainsi qu'on juge ordinairement les arts de nos jours; voilà pourquoi nos artistes ont plus de bonnes idées que d'œuvres bonnes.

—

Dans l'un de ces tableaux, on voit tout un troupeau d'ânes arrêté, effaré, dressant ses longues oreilles devant un mannequin planté sur deux bâtons au milieu des champs. Depuis qu'il y a dans le monde des sujets d'effroi pour les âmes timorées et les ânes débridés, jamais *alarmes* ne furent mieux rendues. C'est ainsi que tout être qui tient à son chardon et à sa pitance doit s'arrêter quand l'hydre de l'anarchie dresse sa tête, ou quand le spectre rouge montre ses bras.

Bien qu'il n'y ait dans le livret aucun compte-rendu analytique ou détaillé du discours des ânes, on les entend braire comme s'ils parlaient :

— Quel est ce fantôme ? Est-ce la Révolution ? le matérialisme ? le libéralisme ? la libre-pensée ? l'union des vieux partis ? Toute cette guenille cache un révolutionnaire ; vite un gendarme ou un ânier pour faire déguerpir le journaliste tapi sous ces haillons...

C'est ainsi que les ânes parlent. Cependant le soleil inonde les champs. Il faut une couardise constitutionnelle pour s'effrayer d'un chapeau sans cervelle et sans cocarde, d'une blouse qui n'a pas de poitrine humaine, d'un simulacre d'ouvrier, de paysan, planté là pour garder le bon grain et faire peur aux moineaux. Mais les ânes, surtout quand ils sont en assemblée, ne raisonnent pas ; ils tremblent, ils invoquent la force, le bâton, la mitraille, contre cette loque, vestige d'un homme, qui n'est pas un homme. Ils supplieraient volontiers la guenille déjà amincie, effiloquée par la pluie, les vents et la tempête, de devenir impalpable, de se dissoudre et de se disperser elle-même.

N'est-ce pas un tableau d'histoire ? N'est-ce pas la déroute de toutes les discussions, la terreur de tous ceux qui ne peuvent s'accommoder ni du beau soleil de messidor sur les moissons, ni de l'air libre remuant tous les drapeaux, ni des ombres, ni des nuages qui passent ?

—

Au-dessus de ce tableau qui résume des débats toujours finis et toujours à renaître, un autre peintre nous a représenté sur une toile ce que j'oserais appeler un *Rêve de bonheur*.

On trouvait que Papety avait été socialiste, humanitaire, ce qui veut presque dire révolutionnaire et incendiaire, quand autrefois, dans son *Rêve de bonheur*, il nous avait montré des hommes s'abandonnant à l'étude, travaillant avec la douce tranquillité de citoyens affranchis d'eux-mêmes et des autres, chantant l'amour sous les arbres et souriant à la liberté qui rayonne, au soleil qui mûrit les pampres, à l'enfant qui cherche la mamelle. Cette page, restée fameuse comme une utopie, est bien simplifiée aujourd'hui, et messieurs les ânes, depuis quinze ou vingt ans, ont changé tout cela.

On nous présente de bons gros ânes satisfaits, heureux, ne pensant à rien, leur longue oreille simplement ouverte au bruit de la musique ou de la chanson qui passe, et buvant à longs traits, sans souci, sans vergogne, à l'abreuvoir municipal. C'est la béatitude devant l'émolument !

Ils sont là tous, l'âne du Poiton, l'âne de Gascogne, l'âne d'Arcadie, l'âne qui a porté les reliques et l'âne qui a porté Silène, l'âne de la fuite en Egypte, l'âne de Priape, l'âne savant qui sait compter, l'âne stupide de *Peau d'Ane*, l'âne spirituel de Jules Janin, l'âne qui vit de ses rentes, tous convertis à l'eau claire et soumis à la discipline de l'abreuvoir; ils allongent la tête, ils hument les délices de leur boisson ; ils sont contents, et l'on sent que l'ânier, assis tranquillement à l'écart, se frotte les mains, s'essuie le front et se dit : — Ce n'est pas sans peine que je les ai amenés là! ils y sont, qu'ils y restent.

—

Oui, restez-y, ânes superbes ! C'est ainsi que l'on se fait un beau poil et une vieillesse heureuse ; écoutez les leçons de Midas ! vivez, jouissez, acclamez les chardons et l'eau claire, assouplissez, en l'engraissant, cette peau sur laquelle on battra des airs à la gloire. La paresse et le bien-être sont les seules lois respectables.

Les chevaux eux-mêmes viennent de faire inventer les vélocipèdes pour avoir droit au repos. Buvez! mangez! Vous êtes l'épilogue des années de folie, de littérature vaine, de spéculations effrontées, d'appétit brutal, de gaieté forcée, de censure maladroite, de longues féeries et de longues oreilles que nous avons traversées! Pourquoi n'a-t-on pas mis ces deux tableaux dans le salon carré? Ils valent des tableaux de bataille ; mais les ânes sont peut-êtres devenus modestes, et pour la première fois, ils ont peut-être refusé une place !

XVIII

LES SCANDALES DE LA VIE PRIVÉE.

20 mai.

Tout le monde connaît cette charmante caricature de Gavarni qui représente un bourgeois étincelant d'orgueil, de contentement, enflé de la vanité du propriétaire, la main sur la clôture en pierre de son jardin, et disant : *Mon mur !*

L'original de ce portrait doit avoir des Guilloutets dans sa famille ; il en a du moins dans son arrondissement ; il les inspire et il en est inspiré. — Mon mur ! — Chacun aura le sien maintenant.

— Enfin ! s'écriait hier un personnage qui n'aime pas sa biographie, je vais donc pouvoir me payer à mon tour une vie privée !

Dieu sait de quoi il ne privera plus sa vie !

—

Je comprends que la morale rende nécessaire

la fermeture hermétique de certaines existences. Ce qui se voit dans l'intérieur de quelques maisons n'est pas fait pour encourager la vie de famille, ni pour exciter à la vie de ménage.

C'est assez des indiscrétions de la *Gazette des Tribunaux!*

Quand on désespère de corriger les mœurs, on fait bien de les murer. Le moyen âge ne procédait pas autrement à l'égard des lépreux. Il faut intercepter la contagion.

Mais cet article de loi, salutaire aux intérieurs gangrenés, si nous jurons de lui obéir pour les autres, nous avons le droit d'en refuser le bénéfice pour nous-mêmes. Que les gens qui se portent bien ouvrent leurs fenêtres et leurs consciences; que quiconque se sent sûr de lui prenne l'engagement de ne jamais faire un procès aux curieux, aux médisants, aux envieux; et que tout homme qui se respecte, qui veut être respecté, n'abrite ni son travail, ni son honneur, ni celui de sa femme et de ses enfants, derrière des volets fermés ou des carreaux dépolis !

—

Je sais que la curiosité avait pris depuis quelques années des allures gênantes ; mais aussi pourquoi avait-on uniquement et exclusivement fait appel à la curiosité ? On amusait les yeux et les oreilles pour distraire le cœur.

Quand un pays ne peut se passionner pour des

idées, il se passionne pour des riens; on murait la vie publique, il caquetait dans la vie privée. Maintenant que tout est muré, il montera sur les toits et bâillera aux étoiles.

Mais puisqu'en toutes choses l'exemple doit venir d'en haut, j'oserai demander que le culte du fameux article XI nous soit enseigné par ceux qui, nous ayant excités à l'indiscrétion, ont rendu l'amendement de M. Guilloutet acceptable.

Si l'on veut que la demeure des citoyens soit inviolée, il ne faut pas nous exhorter à violer les antichambres officielles; car qui peut le plus peut le moins. On a mis sur une des portes des Tuileries cette inscription, que je trouve assez ironique après tant de visites révolutionnaires : « Le public n'entre pas ici ! » Soit ! Mais les chroniqueurs ne font pas partie du public; que l'on commence par les prier de ne pas entrer et de ne raconter, ni les bals, ni les fêtes, ni les devoirs de religion intime, ni les spectacles, ni les toilettes, ni les dîners, ni les charades, ni les bons mots, ni les visites de souverains, ni les visites de médecins.

La vie privée des grands doit être, au compte de M. Guilloutet, plus respectée encore que la vie privée des petits ; car la première a plus d'influence; et comme elle est exposée à plus de commentaires malveillants, elle peut troubler davantage les idées morales, exalter les convoitises, surexciter les appétits.

On a souvent pensé que les changeurs étaient imprudents d'étaler des sébiles pleines d'or aux regards des passants mourant de faim ; les changeurs ont la précaution de mettre un grillage, mais ils feraient mieux d'élever un mur. Le *Moniteur* commet parfois la maladresse des changeurs.

—

Je dis cela, et je sais très-bien que ce que je demande est impossible à réaliser absolument. Une cour qui ne laisserait pas parler d'elle désappointerait et humilierait bien vite les contribuables. Elle est le bouquet de fleurs du budget; nous voulons qu'elle nous rende en parfums les soins dont notre dévotion l'arrose. Ah! qu'on est fier d'être Français, quand on regarde défiler les cent-gardes !

Cet article rigoureux ne laisse qu'une chance à la chronique. Il faudra, pour l'appliquer, la plainte du personnage troublé derrière son mur. Quel est l'homme sans péché qui se plaindra le premier ?

Sera-ce vous, M. Véron (1), vous dont le *Figaro* a passé la vie au crible, et qui êtes un exemple, à votre tour, de ce que peut la curiosité des journalistes ? On ne s'est pas fait faute

(1) Ne pas confondre avec le défunt docteur. Il s'agit d'un pauvre homme, d'un barbier, que le *Figaro* a tiré de la misère, grâce à ses indiscrétions.

d'élargir les trous béants de votre mansarde ; on a profané votre misère ! c'est vrai ; on l'a même anéantie, à force d'y toucher. Les chroniqueurs qui ont l'audace de la charité, autant que l'audace de la satire, ont tenté d'émouvoir la compassion publique. Ils ont réussi ! C'est effrayant à penser pour le cas où ils auraient à susciter le sentiment contraire.

Voilà un homme sauvé, des enfants hors de là faim, de l'hôpital, de l'abandon, grâce aux lézardes faites dans le mur de la vie privée !

Pardonnez-nous-le, monsieur Guilloutet, nous recommencerons. Aujourd'hui toute une famille remercie les indiscrets; demain, si l'on en use moins brutalement envers les gens au cerveau ébranlé; s'il ne dépend plus d'un médecin d'ouvrir la prison de la folie, et de retrancher de la vie un témoin opportun, c'est à l'indiscrétion de la presse, aux témérités de la chronique qu'on le devra !

Jurons donc de respecter les précautions prises pour les ridicules, mais de briser celles qui nous cacheraient encore une misère ou une grosse infamie. Laissons aux consciences les feuilles de vigne mentales que la pudeur du Corps législatif leur décerne; mais ne soyons jamais les dupes de cette précaution, et surtout ne l'acceptons et ne la réclamons jamais pour nous-mêmes.

La Société des gens de lettres a-t-elle fini de réviser ses statuts? Je n'en sais rien ; mais qu'elle ajoute en post-scriptum, au moins, cet article ;

« Tout homme qui tient la plume prend l'engagement de se laisser discuter, sans recourir aux Tribunaux pour faire garantir son foyer et faire poinçonner son honneur. »

Laissons le bénéfice de cette loi à ceux qui en ont besoin. Il y a des gens qui ne sauraient se passer de journalistes pour faire recommander leurs propres mérites avant les élections, et qui ne sauraient ensuite se passer de gendarmes, pour faire taire les journalistes, quand les élections sont finies et les promesses démenties.

Nous autres qui vivons de notre vie, et qui n'avons ni arrière-pensée, ni arrière-boutique, laissons-nous fouiller, visiter.

XIX

ON DEMANDE UN GRAND HOMME.

28 mai.

J'ai souscrit pour la statue de Voltaire et je n'ai pas souscrit pour la statue de M. Billault. Je suis donc en règle avec la gloire de mon pays. La fortune d'un administrateur du Crédit mobilier ne suffirait pas pour souscrire à toutes les apothéoses que le besoin de meubler les édifices et de décorer les fontaines publiques a multipliées depuis quelques années.

La salubrité profite à nos héros; et quand ceux-ci viennent à manquer, on aime mieux en inventer des nouveaux, que de supprimer des robinets.

Cette façon d'enfanter une génération illustre est ingénieuse. Quand on ne sait pas faire des hommes, c'est quelque chose que de faire des statues.

Je ne blâmerai donc pas cette mode, et je ne dirai jamais, des personnages éminents qui nous gouvernent, que je ne voudrais pas les voir en peinture ; car ce serait, au contraire, pour moi la façon la plus douce de les contempler.

Est-ce pour obéir à ce luxe du marbre et du bronze, dans un temps où les caractères sont de terre glaise, que la Comédie-Française vient d'inaugurer dans son foyer le buste d'Alfred de Musset ?

Je trouve tout simple que l'auteur de tant de jolis proverbes soit placé dans cet aréopage un peu mêlé, où viendront à leur tour les pourvoyeurs actuels du Théâtre-Français. Je trouve logique qu'on lui donne même une place d'honneur ; et je me sentirais offensé dans mon admiration si on l'avait relégué dans un coin. Mais, en applaudissant à un hommage légitime, je fais mes réserves pour le cas où l'on voudrait inaugurer le culte permanent d'Alfred de Musset, et laisser croire que ce poëte de Louis-Philippe a été le poëte du règne actuel ; que l'empire paye une dette envers une de ses illustrations, et qu'il s'est trouvé par conséquent, dans ce temps-ci, un autre lyrique à récompenser que M. Belmontet.

Je croirais aussi de mon devoir de protester, si, à l'heure où Lamartine s'éteint sous l'abri d'une pitié dont nous aurons à le venger un jour ; où Victor Hugo voit finir les représentations d'*Hernani*, et ajourner indéfiniment les représentations de *Ruy-Blas* et de ses autres drames, on donnait à Alfred de Musset une auréole qui dût absorber celle de ses maîtres au théâtre, de ses devanciers en poésie, de ceux dont il n'a été que l'émule.

—

Il est bon de s'expliquer sur ce point, et d'empêcher qu'une politesse concevable devienne le prétexte d'une injustice littéraire et d'une expropriation pour cause de vanité personnelle.

On a abusé d'Alfred de Musset depuis quelques années, autant que des principes de 89. Sa famille et son éditeur l'ont exploité avec un zèle qui a été jusqu'au sacrilége; on l'a mis aux théâtre souvent malgré lui; on a estropié Fantasio, pour le forcer à chausser les escarpins de M. Delaunay; on a, dans une édition, prétentieuse comme un discours académique, profané par des notes ridicules, par des exagérations de panégyriques, cet esprit charmant et *antiacadémique*.

Le premier mot de sa biographie écrite par son frère est pour attester avant tout qu'il est gentilhomme, plus noble sans doute que Victor Hugo ou Lamartine; et fier de porter ces reliques armoriées, le biographe se fait l'annotateur bienséant du poëte, afin d'avoir soin de nous dire à chaque sourire, à chaque larme, à chaque battement du cœur révélé par le vers ou la ligne de prose : — Mon frère le gentilhomme s'est amusé à laisser croire qu'il riait, qu'il pleurait, qu'il était réellement ému ; mais il était trop artiste pour s'encanailler avec Mimi Pinson ; il ne faut voir dans ses vers que l'œuvre de son génie ! Cet homme qui pleure, qui crie, qui blasphème, ce c'est pas lui !

Imprudent ! Si Alfred de Musset n'est pas sincère, nous ne lui pardonnerons plus les négligences d'artiste, rachetées par l'émotion vraie ! On croit le faire plus grand en le faisant hypocrite ! On lui retire le mérite de l'émotion déjà si rare et si fugitif en lui !

—

Ce n'est pas tout. En réimprimant la *Confession d'un Enfant du siècle*, le frère et l'éditeur se permettent de ne tenir aucun compte des corrections faites par l'auteur à son œuvre, et de rétablir précisément tous les passages qu'il avait supprimés lui-même. Ainsi la volonté, le goût, le remords de l'écrivain sont profanés par ses héritiers pour donner plus de piquant à leur exploitation.

Alfred de Musset, dites-vous, n'a pas été sincère ? Je m'en doutais ; et c'est précisément à cause de cette grimace du rire et des larmes, que je le trouve dangereux à aimer, plus dangereux encore à imiter. C'est pour cela que tout en lui reconnaissant autant de génie qu'il en faut à l'égoïsme, à l'ennui, au dégoût, à l'habitude de l'ivresse, pour se faire pardonner, je lui refuserais les honneurs extraordinaires qu'on doit seulement aux talents vrais, aux caractères fermes, aux consciences stoïques.

Si l'on veut inaugurer (et on a peut-être raison pour ce temps-ci) les anniversaires de l'indifférence en politique, du sensualisme mêlé de dévotion, de la grâce décevante, de l'inconsistance morale et de l'incorrection littéraire, on fait bien. A une époque trouble, il faut un symbole vague.

Mais si l'on veut faire croire que le théâtre français a trouvé le poëte tragique du dix-neuvième siècle, que l'Empire a mis la main sur son demi-dieu artistique, et si l'on veut faire de Musset l'idéal de la poésie de l'avenir, le type de l'idéal présent, on a tort.

Je ne marchande pas mon admiration. Alfred de Musset est une prodigieuse individualité. Il a tous les charmes, tous les prestiges, toutes les ivresses, toutes les folies, toutes les contradictions, toutes les inconséquences du printemps; il a des aurores piquantes, des heures de pluie, des coups de vent, des giboulées, des reflets tendres, des tons criards qui excitent la vie et qui l'appellent.

Mais il n'arrive jamais à l'azur paisible et profond de l'été. Ses fleurs se dessèchent sans fruit; la jeunesse qui a été sa gloire, devient son défaut. Malheur à qui ne veillit pas! Henri Heine disait de lui : *Ce jeune homme d'un si beau passé!*

Et savez-vous pourquoi il meurt de jeunesse caduque? C'est qu'il a commencé par mêler à sa première coupe un poison qui a gâté sa vie; c'est qu'à l'heure de croire il n'a pas cru; c'est qu'à l'heure d'aimer il n'a pas aimé; c'est qu'il a débuté sans foi, sans espérance, sans passion du beau, sans volonté du bien; c'est qu'il est l'exemple mémorable du néant du génie, quand le génie veut se soustraire à ses devoirs. Il lui restera toute sa vie l'esprit, la malice, le dandysme de ses vingt ans. Mais quand il mourra, la conscience du pays se sentira forcément ingrate et sévère envers ce poëte inutile, le lendemain même d'une révolution qui a tant coûté à deux poëtes illustres, et il faudra des années pour que l'on revienne à ce joueur sublime de mandoline, qui a chanté sans s'arrêter la sérénade à la lune, entre les *Iambes* d'Auguste Barbier et les iambes de Victor Hugo.

—

En janvier 1830, il débute par les *Contes d'Espagne et d'Italie*, par le rire moqueur, et en même temps par le doute; il désespère sans avoir espéré.

A une époque d'ébullition, de fièvre généreuse, de floraison universelle, en face de Lamartine, de Victor Hugo, de Georges Sand, de Lamennais, de Balzac, de Michelet, de Quinet, d'Alexandre Dumas, de tous ces poëtes, ces écrivains, ces artistes qui ont été la grande lumière de ce siècle, il trouve le siècle vide, sans idée, sans flamme! il n'écoute rien! il n'entend rien! il ne se mêle à rien! il s'enrôle Byronien, sans avoir vécu la vie de Byron.

Parce qu'il est sifflé à son début, il renonce avec colère au théâtre; et parce qu'il est quitté un jour par une femme qui valait dix fois mieux que lui, il passe sa vie à mourir de sa feinte douleur; il en fait sa spécialité, son genre, son épitaphe anticipée; il en voile l'absinthe réelle qui le tue.

Qu'était-il avant cette liaison? le même absolument qu'après la rupture. Il n'a perdu à ce congédiement que la chance d'apprendre le travail, et d'acquérir des opinions. Il buvait avant, il a bu après; un peu plus peut-être, parce qu'il s'autorisait de la blessure faite à son orgueil!

—

Voilà ce qu'il faut dire. Musset a assez d'éclat pour supporter la critique; et si l'on prétend le hausser avec une intention dénigrante au-dessus de tous les talents laborieux et bienfaisants de l'époque, il faut qu'on sache bien quelle conscience on veut nous faire admirer, et quelle vertu on prétend nous imposer!

—

Si encore cet étourdi charmant, qui a abaissé le niveau du théâtre, et qui, par le proverbe, a frayé la route à l'opérette; si ce poëte exquis de la décadence, qui a gâté le rhythme des maîtres, et compromis la rime française; si ce fanfaron d'impiété, qui s'est fait chrétien un quart d'heure pour maudire Voltaire; qui n'a jamais manqué une occasion de railler la révolution, les idées sociales, le progrès, et que l'on condamne à devenir la sentinelle de Voltaire; si ce génie, après tout, était de la génération de 1850, je comprendrais que, dans l'absence de poëtes lyriques, tragiques, épiques ou comiques, on lui fît une apothéose et qu'on l'accaparât.

Mais, non!

La seule tendresse politique d'Alfred de Musset a été pour Louis-Philippe. Ami des princes, il ne s'est ému qu'à la naissance du comte de Paris, et qu'à l'occasion d'un attentat contre le roi.

Si, à la fin de sa vie, entre deux soupers, il a balbutié sur commande les vers médiocres qu'on appelle le *Songe d'Auguste*, est-ce une raison pour le revendiquer?

Je comprends l'embarras. A l'occasion de l'Exposition universelle, M. Duruy avait chargé trois hommes d'esprit et un académicien, de lui trouver un grand homme.

Ces messieurs se sont mis à l'œuvre. M. de Sacy proposait M. Rouher, mais M. Rouher est encore discuté; il faut attendre : s'il avait un jour un échec à la Chambre!

M. Paul Féval ne proposait personne: les romanciers de génie datent de l'époque précédente. Ceux qui n'ont que de la bonne volonté et qui datent de ce régime sont libres-penseurs et opposants.

Théophile Gautier, qui a fait un rapport plein de portraits justes et charmantes, citait bien Alfred de Musset, sans trop d'emphase; mais il le mettait après Lamartine et V. Hugo, et il ne trouvait pas d'autre poëte.

M. E. Thierry laisse bien voir sa reconnaissance pour l'homme qui a aidé à la fortune de son théâtre, et qui a plu, dit-il, à la société de ce temps-ci, « *par cette heureuse impertinence avec laquelle il relevait sans façon Marivaux par Lantara;* » mais il ne le propose pas officiellement.

Pourtant, cette candidature indirecte, dans le désarroi universel, devait tenter. Quoi! pas un écrivain à mettre comme Ganymède dans l'Empirée, à côté de l'Aigle? Mais en voici un, aimable, badin, qui n'est à personne! il a relevé le marivaudage, dans un temps de poudre, de costumes et d'éventail; et il ajoute avec impertinence à Marivaux le hoquet guilleret de Lantara, le peintre buveur! Que faut-il davantage? Du pastel, de l'impertinence et de l'orgie! Ce sont les trois mots de la mode! vite, enlevons Ganymède!

Voilà comment le poëte que Préault appelait « mademoiselle Byron » est triomphalement installé dans l'Olympe des dieux! Voilà pourquoi il aura peut-être son culte, ses bouts de l'an, ses petits offices comme Corneille et Molière.

Cela fera oublier V. Hugo, et cela empêchera de paraître réduit à M. Belmontet ou aux faiseurs de cantates!... Mais voilà pourquoi je proteste au nom même de la gloire d'Alfred de Musset que l'indifférence rendait indépendant. Si je me suis trompé, tant mieux! il n'y aura alors qu'un morceau de marbre de plus dans le foyer du Théâtre-Français, et qu'une maladresse de moins au compte de certaines gens.

XX

M. HAUSSMANN

5 juin.

On l'attaque beaucoup. Il est vrai qu'on va lui permettre de se défendre devant le Corps législatif; et s'il est aussi éloquent qu'il croit l'être, sa cause sera gagnée (1). En attendant qu'il se révèle au banc des commissaires, j'allais dire au banc des accusés, je veux esquisser sa physionomie. Elle est intéressante, sans avoir de charme; elle plaît, comme certains embellissements de Paris, par réflexion et non par enthousiasme; elle a l'attrait de la force, et la force de l'idée fixe.

C'est quelque chose dans un temps de mollesse et d'indécision; mais ce n'est pas tout. Voilà pourquoi je me permettrai d'estomper quelques lignes de cette grande figure. M. Haussmann,

---

(1) La prédiction ne s'est pas réalisée.

qui pratique si bien la théorie des ombrages, me pardonnera facilement ces ombres. Il sait, d'ailleurs, qu'on ne peut pas tout exproprier, et que toutes les consciences n'ont pas encore subi le tracé de ses belles voies stratégiques.

—

Demandez plutôt à M. Jules Ferry! celui-là est un révolté. Il critique tout, il marchande tout ; il crie au gaspillage, à la banqueroute, à l'abîme; il intitule son réquisitoire : *Comptes fantastiques d'Haussmann*, et il conclut, avec cette logique apparente empruntée aux chiffres qui ne sortent pas du budget, que tout est perdu, même l'honneur, si l'on ne se hâte de dissoudre les ateliers nationaux de la ville de Paris.

La prédiction est sinistre. Elle serait de nature à intimider un moins grand courage que celui de M. le préfet, et elle mettrait de furieuses épines dans le lit de roses d'un magistrat sybarite. Mais M. Haussmann est stoïque; il a fait un pacte avec le succès et avec les entrepreneurs de démolition ; il ne reculera pas. C'est la volonté la plus ferme du régime; il faut la subir ou la briser. Soyons tranquilles, on la subira!

L'analyse moderne cherche dans l'origine des individus les prémisses de leur caractère. J'ai percé un trou dans le mur généalogique de M. Haussmann, pour mieux l'analyser. J'ignore s'il descend de Charles-Martel comme maire du palais ou comme marteau ; mais je sais que son grand-père, ancien marchand de toiles à Versailles, prit une part très-active à la révolution de 1789. Membre de la Convention nationale, il fut chargé de vérifier les comptes de tous les agents comptables de la République ; c'est ce souvenir sans doute qui engagea le petit-fils à élever le budget de la ville aux proportions du budget d'une république. Il eut depuis le berceau l'éblouissement des grands chiffres. L'aïeul n'avait pas de vains préjugés pour le pouvoir ; il réclamait énergiquement la mort de Louis XVI, et il signait à Mayence, le 6 janvier 1793, avec Rewbell et Merlin de Thionville, un rapport dans lequel on remarque le passage suivant : « C'est au nom de Louis Capet que les tyrans égorgent nos frères, et nous apprenons que Louis Capet vit encore (1) ! »

Je n'ai pas besoin d'assurer que M. Haussmann n'a hérité d'aucun penchant régicide. S'il démolit le plus qu'il peut la ville des Capétiens, il a fait hommage de son premier serment de sous-préfet à la dernière branche des Capets. D'ailleurs, le vieux conventionnel, si fort sur les comptes, l'était moins sans doute sur les opinions ; et après avoir réclamé la mort des tyrans, il entra sous l'Empire dans l'administration des

(1) Il est juste de dire que M. Haussmann a nié ce postscriptum, mais sans apporter de preuves à l'appui de sa négation.

vivres, léguant ainsi l'exemple d'un grand amour des comptabilités.

Son fils, le père de M. le préfet actuel, entra tout jeune dans la même administration. Il fut journaliste et signa comme rédacteur du *Temps*, en 1830, la protestation contre les ordonnances. Depuis il devint un excellent commissaire des guerres; aujourd'hui il collabore au *Moniteur de l'armée*.

M. le baron Haussmann a hérité de tous les mérites de ses ascendants, en exceptant toutefois le titre de baron qu'il ne doit qu'à lui. Il taille dans Paris comme son aïeul dans la toile; il a des comptes aussi formidables; il sert le second Empire comme ses pères ont servi le premier. Il y a en lui l'énergie d'un conventionnel, le souci de l'octroi d'un commissaire des vivres, et si au lieu de signer des protestations en faveur des journaux il leur expédie tous les jours des *Communiqués*, c'est peut-être au fond par le même penchant pour la publicité !

——

Issu de comptables et de fonctionnaires émérites, M. Haussmann fut sous-préfet dès qu'il put l'être. Comme les grands généraux, il couva longtemps ses destinées. Ce *Sixte-Quint* de l'expropriation fut lent à jeter ses béquilles. Quand on lui demande aujourd'hui pourquoi, avec ses grandes facultés, avec la grande ambition qu'il devait naturellement avoir, avec les grands bras et les grandes jambes qu'il a, il s'est résigné si longtemps aux lointaines sous-préfectures, il répond modestement :

— J'attendais et je me préparais !

Il sentait confusément qu'il jouerait un rôle, et il s'étudiait, disait-il, à le jouer ; il élaborait ses idées, pour les appliquer plus tard sans hésitation, sans faiblesse. Comment faire reculer un homme qui a mis plus de vingt ans à prendre son élan ?

—

J'ai dit les influences d'origine. Voici maintenant le portrait de l'homme physique, qui est comme le résumé, le symbole, le plan géométrique de l'homme intérieur. M. Haussmann est très-grand. Un poëte dirait qu'il est aussi grand que... la rue Turbigo. C'est le plus grand des fonctionnaires connus ; si l'on met quelque jour sa statue à la place de l'obélisque, au milieu des villes de France, il ne faudra pas exagérer beaucoup les proportions, pour faire de M. le préfet un colosse en pierre de taille.

Ce grand étui d'une grande idée brille, comme la plupart des constructions qu'il a inspirées, par la dimension, bien plus que par la grâce et l'harmonie. Ce n'est pas l'Apollon, c'est le Titan. Il a les épaules larges, un peu abaissées, comme si elles portaient beaucoup de choses et beaucoup de gens ; il a les jambes robustes, les pieds et les mains d'assez forte dimension ; c'est un homme solide qui ne lâche pas aisément ce qu'il tient et qu'on déracinerait moins facilement que les arbres transplantés par son ordre.

Les biographies qui échappent aux influences des Communiqués donnent à M. Haussmann cinquante-neuf ans sonnés; mais M. le préfet ne les prend pas. Sa barbe et ses cheveux bruns maintiennent le printemps autour de son visage, comme ces squares que l'ingénieuse coquetterie du magistrat a semés sur les buttes dévastées, sur les places arides.

En symbolisant donc le Paris démoli, et le Paris rebâti, il unit l'idée de force ancienne à l'idée de restauration. De tout l'ensemble se dégage le sentiment de l'utile qui veut être agréable ; mais la majesté qui intimide, mais la grâce qui émeut, mais le rayonnement du beau manque à l'artiste, comme il manque à son œuvre. Tout l'effort de cette intelligence aboutira à un résultat, énorme comme calcul, et infini comme dimension ; mais jamais une flamme ne jaillira du front de ce faux Prométhée, qui recommencerait pour la finir la tour de Babel, et qui ne saurait faire respirer et faire palpiter la pierre taillée de ses mains.

—

J'ai entendu dire souvent que M. Haussmann n'avait pas de goût. On se trompait. C'est précisément au contraire le goût (le goût moderne), qui est son défaut, en devenant sa qualité absorbante, et qui lui interdit l'idéal. Il a, avec le sentiment de l'hygiène nécessaire aux grandes villes, l'instinct de la magnificence, l'appétit des perfectionnements nouveaux. S'il pouvait user de l'électricité, abuser de la vapeur, livrer tous les horizons de Paris au progrès, il serait très-heureux, c'est-à-dire très-fier ; il sait mettre des fontaines et des fleurs partout ; il a imposé l'habitude de la propreté et de la propriété. On ne dégrade plus les monuments ; on n'enlève pas une feuille à ses fleurs. Voilà le bien qu'il sait faire.

—

Mais cette ordonnance implacable, cette somptuosité pratique, ce niveau *du cossu* qui passe sur l'histoire, sur le sentiment, sur le génie de Paris, qui remet tout au creuset, qui galvanise tout, qui dore tout, qui prévoit tout, qui a décoré, Dieu sait à quel prix! les Champs-Élysées et la place de la Concorde, de lampadaires, destinés à servir une fois par an, le 15 août ; cette férocité du goût contemporain qui fait tout ce qu'elle peut et tout ce qu'elle veut, arrive à une manifestation imposante ; mais borne à jamais l'esprit de ce temps, et l'enferme dans la muraille de la Chine d'une civilisation de gens riches, voulant vivre leur vie, en se dispensant d'étudier et de rêver!

M. Haussmann croit ouvrir à plus grandes portes l'avenir, en effaçant le passé ; il se trompe ; il le rétrécit, au contraire.

Je donne immédiatement une preuve.

—

M. le préfet n'aime pas les monuments qui ne datent pas de lui. Voilà pourquoi il restaure tout ce qu'il ne peut démolir. Notre-Dame de Paris n'a rien à lui demander, non plus que la Sainte-Chapelle ; aussi ces deux monuments sont-ils disgraciés.

Quoi ! il y avait là, dans cette Cité, qui fut le berceau de Paris, dans cette nef qui n'a pas rompu ses amarres avec l'histoire; il y avait là une occasion unique, merveilleuse, pour un constructeur libre et sans frein, qui eût eu un grain de génie, de faire pour ainsi dire le *Campo santo* de nos légendes !

On pouvait restaurer, rebâtir ou bâtir dans cette île tout ce qui intéressait l'éducation populaire, par les yeux, par les souvenirs ; on pouvait faire de la Cité le Parthénon, le sanctuaire ; ou bien, si ces idées archéologiques répugnaient trop à des utilitaires modernes, on pouvait au moins isoler Notre-Dame et là mettre seulement, par une avenue, en communication avec la Sainte-Chapelle. Mais non ; le plus beau monument de Prais est le seul auquel on refuse une perspective.

On le verra de dos, de côté, de loin. Il est defendu de le voir de face.

Il y a une avenue pour l'Hôtel-de-Ville; il y en a dix pour l'Opéra; il y en a cinq au moins pour chaque caserne; mais on entasse devant Notre-Dame, les hôpitaux, les tribunaux, les casernes et même les théâtres; on masque intentionnellement le chef-d'œuvre qu'il eût fallu démasquer. On fait de la cité un bazar de monuments de tous les styles, quand il était si facile d'en faire un musée! C'est là le triomphe du goût moderne; c'est là que M. Haussmann laisse voir le défaut de son ambition.

—

Je ne suis pas, plus qu'il ne convient, ami du gothique, et j'ai horreur des rues sales; mais quand on peut assainir et ennoblir, pourquoi se borner à l'hygiène? Nous mourrons de bêtise et de bonne santé.

—

Cela n'empêche pas M. le préfet d'ouvrir des musées pour la ville, d'entreprendre des publications historiques fort intéressantes. Pourvu qu'on lui abandonne le pavé, la rue, le soleil, tout l'espace des vivants et la postérité, il rend aux ruines, à huis clos, tous les hommages voulus.

C'est là son caractère spécial, c'est le danger

de son entreprise. Je ne parle pas, bien entendu, des questions de budget. Je fais un portrait et non une liquidation. Je juge le plan et non la carte à payer. Homme moderne, voulant donner une empreinte toute moderne à Paris, M. Haussmann ne tend qu'au nouveau ; il s'y applique, il s'y livre, il s'y entête, il ne veut pas en sortir, c'est son idée fixe ; et les idées fixes, qui sont des vertus quand elles sont en fleurs, deviennent des vices quand elles montent en graines.

—

Volontaire et enivré des souffles de la vie moderne, j'entends de la vie extérieure, M. Haussmann est-il plus qu'une spécialité ? Je n'en sais rien, mais je ne le crois pas.

Il parle volontiers de toutes choses. Sa voix sourde, voilée, qui a comme des éraillures par lesquelles filtre la lumière, échange non dans une causerie, mais dans un monologue perpétuel, des idées justes sur tous les sujets, mais des idées banales. L'homme de génie cause, parce qu'il sait écouter, et parce qu'il n'a jamais la mesure de sa force. L'homme supérieur pérore parce qu'il se possède et qu'il s'infatue volontiers. M. Haussmann n'est qu'un homme supérieur ; il discourt, sans laisser le temps à un contradicteur de placer un mot.

Mais il n'intéresse que quand il parle de ce qui est sa fonction, sa mission, son lot spécial, Paris et les travaux de Paris. Alors il sort des banalités, il devient éloquent, il a des mots incisifs, des audaces d'opposition, des accès de fierté ; il explique admirablement ce qu'il veut ; il anime son ambition et lui met l'auréole qu'il voudrait voir respectée par l'avenir.

Un jour, un de mes amis interrogeait M. le préfet sur un percement de rue, et voulait se renseigner sur l'époque probable des travaux.

— Je n'en sais rien, répondait M. Haussmann; cette rue est-elle nécessaire ?

— Oh ! indispensable !

— Alors, je ne puis rien vous dire ; puisqu'elle doit se faire je ne m'en occupe pas ; je ne fais que l'inutile.

Le mot était juste et avait sa profondeur. Il fait ce qui échapperait à la routine ; mais il introduit aussi la routine dans l'imprévu. Il a inventé quelques moyens pratiques, en dehors desquels il ne veut pas agir ; et quand il rencontre, soit dans le public, soit même dans les tribunaux, de l'opposition à ses procédés, il se cabre impétueusement, et attribue toujours aux mauvais vouloirs, aux rancunes, aux coalitions de partis, ces défiances du bon sens ou de la loi.

Très-accessible, d'une hauteur qui ne craint pas la familiarité et qui entre en relation avec tout le monde, M. Haussmann est fort aimable avec les journalistes et fort irascible à l'endroit des journaux. Si le *communiqué* n'existait pas, il l'aurait inventé. Il veut être infaillible; c'est sa faiblesse; mais il le deviendra peut-être aux yeux des contemporains; c'est là sa force.

—

En somme, personnalité active, devenue incommode à force de services, ayant toutes les supériorités, moins la supériorité suprême qui rend modeste; Attila de l'expropriation, démolissant Paris pour y faire tenir la France entière, assujettissant la France entière au luxe de Paris; homme de goût qui ne sera jamais artiste; homme de progrès qui ne veut pas de discussion; remueur de pierres qui croit empêcher de remuer des idées; homme d'esprit qui a peur de l'esprit des autres; hôte agréable et fastueux, courtisan habile du règne qu'il encadre, mais espérant bien finir et résumer en lui la dynastie des encadreurs, M. Haussmann mérite mieux qu'un boulevard; il aura sa place dans l'histoire. On l'étonnerait à peine en l'assurant qu'il nommera son siècle et qu'il usurpera la postérité!

XXI

RÉPONSE AU RÉGULIER ET A L'IRRÉGULIER

11 juin.

Suis-je vraiment trop gras pour être puritain? Suis-je au contraire assez mince encore pour avoir le droit de traiter M. Haussmann en homme un peu épais? Ou bien, gras ou maigre, ne suis-je qu'un bambin fait pour écrire avec la craie sur le socle d'Alfred de Musset?

Voilà les trois questions que je me suis posées après avoir lu la lettre de M. Jules Vallès, qui me trouve gras, celle de M. Haussmann, qui me trouve maigre, et l'article de M. Jouvin, qui me trouve jeune. Comme ces trois arguments de mes contradicteurs sont, au fond, les plus sérieux, je devrais peut-être m'y arrêter; si je ne savais, par l'exemple même de ces messieurs, que la polémique est l'art de ne pas répondre à ce qu'on vous demande, et de discuter ce qu'on ne vous a pas dit.

—

Voyez en effet ce qui m'arriva !

Je m'avise, à propos d'une petite cérémonie de la Comédie-Française, de trouver qu'on abuse d'Alfred de Musset ; je crains que le régime littéraire actuel, sous le poids duquel meurent les poëtes, ne se donne la fantaisie d'acclamer comme son héros l'homme qui fut une des gloires du régime passé ; je proteste contre l'exploitation dont Musset est l'objet ; je veux le venger des adorations maladroites et des corrections insensées ; je me permets quelques réserves sur l'influence de ce poëte capiteux des ivresses printanières ; et tout aussitôt, on me répond que je suis un bambin, chargé par Victor Hugo, Lamartine et madame Sand de décrier Musset ; que je suis trop gras pour avoir des principes ; que je ne comprends pas la nécessité de la *saoûlerie*, et que je n'ai jamais aimé ! O Héloïse ! un peu plus l'on me massacrait sur le prie-dieu d'Abeilard !

—

Voilà à quoi l'on s'expose en se fiant aux gens d'esprit ! Jugez un peu de ce qu'on doit attendre des autres ! Ce n'est pas pourtant, que si je m'étais permis d'insulter V. Hugo absent ou Lamartine abattu, on m'eût fait des reproches. Comme le cœur de ces deux poëtes peut encore saigner sous l'épigramme ou l'ingratitude, on m'eût pardonné de les faire souffrir pour amuser la galerie. On n'est sensible que pour les insensibles. Alfred de Musset mort, glorifié, devient inviolable. Y toucher, même pour lui enlever une mouche, c'est le profaner.

—

J'accepte la défense; je souscris à cette obligation, comme je souscrirais à une statue; comme j'ai souscrit à ce monument que M. Charpentier a élevé sur son comptoir, édition unique qu'on nous a fait payer très-cher, et qui a été imitée par l'éditeur lui-même, le lendemain de la souscription.

Je me crois un admirateur sincère et loyal d'Alfred de Musset; je ne cède à personne le droit d'être attendri sur ses beaux vers des *Nuits*, de *Rolla*, de la *Lettre à Lamartine*, etc. C'est parce que j'ai senti autant qu'un autre vibrer dans mon âme le cri de ses douleurs et le chant de son amour, qu'il me répugne de le voir affublé en poëte de cour, réclamé par l'Empire pour le *Songe d'Auguste* qui fut écrit sur commande; et de le voir glorifié comme auteur de comédie, quand il restera surtout, et uniquement, comme poëte lyrique et élégiaque.

Le véritable Alfred de Musset, celui qui

rayonne; celui qui est entré en possession de sa part de postérité, comme dit M. Jouvin, c'est le Musset des *Nuits de Mai, Septembre, Octobre* et *Décembre*. C'est le poëte ému, qui se reconnaissant tributaire des génies précédents, abjurant les mensonges dont on veut lui faire un mérite, s'écriait :

> J'ai cru pendant longtemps que j'étais las du monde ;
> J'ai dit que je niais, croyant avoir douté,
> Et j'ai pris devant moi, pour une nuit profonde,
> Mon ombre qui passait pleine de vanité.

Voilà l'Alfred de Musset que j'écoute et que j'aime ; c'est celui de M. Jouvin, je le parie ; mais ce n'est pas celui de M. Vallès ; ce n'est pas celui de ses héritiers, qui aiment mieux exploiter son théâtre ; ce n'est pas celui de la Comédie-Française ; ce n'est pas celui à qui M. Fortoul commandait sur mesure le *Songe d'Auguste*, et qui prédisait les embellissements de Paris ; ce n'est pas celui qu'une admiration maladroite et abusive donne pour patron à l'indifférence sociale, au scepticisme en toutes choses ; ce n'est pas le Musset dandy, poseur, qui grimace le doute et se désespère de n'avoir pas désespéré davantage.

—

M. Jouvin a appelé Alfred de Musset *le poëte le plus excellemment français*. J'accepte la définition. Il a toutes les qualités, toutes les grâces ;

mais sans doute il a aussi tous les défauts de la France; et je ne sache pas qu'on cesse d'être patriote parce qu'on reproche aux Français les défaillances de leur volonté et les griseries de leur amour-propre.

Il faut aimer la vérité, qui est la patrie future, encore plus que la patrie éphémère et transitoire. Si le génie de Musset ne peut supporter la vérité, tant pis pour son génie; mais pourquoi diminuer la vérité?

—

Ce qu'il est juste de dire, de répéter; ce que j'ai voulu faire comprendre, et ce que j'ai mal dit, sans doute, puisqu'on ne l'a pas compris; c'est qu'Alfred de Musset n'était nullement désenchanté quand il a débuté par le désenchantement; c'est qu'à l'heure printanière de 1830, au milieu des grands mouvements d'idées et de passions, il s'est senti, par paresse peut-être, ou par prétention aristocratique, isolé, éloigné du mouvement; il l'a raillé, ne voulant pas le suivre; et plus tard, il a eu l'ennui, la fièvre de son désœuvrement. Mais comme c'était une nature d'artiste, une vraie nature de poëte, à travers des airs affectés, des mélancolies mensongères, des faux deuils et des fausses douleurs, perçait le cri vrai de l'âme, la confession à Lamartine, ou la chanson vive et gaie!

Son frère a soin de nous avertir lui-même qu'il

ne faut pas se fier à ce dégoût. Il dit dans la notice :

« Un détail rassurant fera connaître l'état d'esprit de l'auteur. Entre deux de ces pages brûlantes où il traçait un tableau si sombre du mal de la *désespérance*, il s'interrompit encore pour improviser en quelques jours le *Chandelier*, qui est assurément une de ses comédies les plus gaies. »

Ai-je dit autre chose que ce que dit son frère ? à savoir qu'il faut se défier des *désespérances* d'Alfred de Musset; et à propos de ce fameux chagrin d'amour dont on a trop parlé, voici ce qu'ajoute son biographe :

« Il existe dans les poésies d'Alfred de Musset des traces nombreuses de tristes souvenirs, *moins nombreuses cependant qu'on ne l'a cru jusqu'à présent.* »

Dans un autre passage, nous apprenons qu'Alfred de Musset comptait mal et avait des embarras d'argent, ce qui le rendit très-triste, et ce qui augmenta un peu le bagage de ses peines de cœur.

—

Ainsi donc, plaignons un peu moins les gens qui se plaignent trop. Applaudissons à ce qu'il y a d'universel et d'humain dans leurs œuvres; mais en nous préservant de la contagion d'une fausse mélancolie, qui détourne de toutes les aspirations viriles, de toutes les tâches, de tous les devoirs réguliers. C'est peut-être parce qu'il est l'idéal des irréguliers en toute chose que je crains le charme d'Alfred de Musset. Il est vrai devant la nature, dans la solitude de son cœur; il n'est plus vrai, quand il cesse d'être seul, parce qu'il se moque alors de ce qui sollicite vainement son intérêt.

M. Jouvin semble craindre que mon admiration mêlée d'amitié pour Victor Hugo, Lamartine et Georges Sand ne leur fasse sacrifier Musset. Dieu merci! j'ai le cœur assez vaste pour admirer plusieurs génies à la fois, et si je me laissais aller d'ailleurs par exception à un peu de partialité envers Victor Hugo, ne serais-je pas excusable, le jour même, où à la page qui suit l'article de M. Jouvin, je lis qu'on a interdit de prononcer le nom du poëte de Guernesey dans une conférence sur la littérature de ce temps-ci!

Avouez que ce n'est pas moi qui fais l'antithèse? Si j'ai parlé de Louis-Philippe, c'était pour rappeler qu'Alfred de Musset était un poëte exclusivement orléaniste, et M. Jouvin m'a bien mal lu, s'il a trouvé du dédain dans ma phrase. Ce n'est pas moi qui jetterai l'insulte à l'exil : j'ai connu trop d'exilés; et les poëtes de Louis-Philippe sont les grands poëtes de l'heure présente.

—

Mon opinion sur Alfred de Musset se résume tout entière dans un sonnet de lui, un de ses plus beaux, qu'il est bon de rappeler à ceux qui l'exaltent sans le bien connaître. Ce qu'il a dit de lui, c'est ce qu'il faut justement en penser :

> J'ai perdu ma force et ma vie,
> Et mes amis et ma gaîté ;
> J'ai perdu jusqu'à la fierté
> Qui faisait croire à mon génie.
>
> Quand j'ai connu la vérité,
> J'ai cru que c'était une amie ;
> Quand je l'ai comprise et sentie,
> J'en étais déjà dégoûté.
>
> Et pourtant elle est éternelle,
> Et ceux qui se sont passé d'elle
> Ici-bas ont tout ignoré.
>
> Dieu parle, il faut qu'on lui réponde ;
> Le seul bien qui me reste au monde
> Est d'avoir quelquefois pleuré.

—

Voilà l'accent, le remords sincère qui dicte le jugement de la postérité. Ce que le poëte se dit à lui-même, la critique a-t-elle le droit de le répéter ? Sans doute, quand le poëte est grand ; quand sa gloire même s'accroît de cette sévérité. *Son seul bien, c'est d'avoir pleuré.* Défions-nous donc de son éclat de rire !

—

Que répondre à M. Jules Vallès, qui me donne raison sans le vouloir ? Il fait de Musset le martyr de la *saoûlerie*, et comme ce saint qui avait recueilli pieusement les *han!* de saint Joseph, il mettrait volontiers en bouteille les *hoquets* du poëte. C'est pousser loin l'enthousiasme. « S'il n'eût pas bu, dit-il, il n'eût pas chanté ! » Erreur profonde. S'il eût moins bu, il eût chanté davantage. Mais passons vite devant cette ivresse à laquelle je n'avais fait allusion que pour expliquer le dégoût ressenti par l'homme et certaine déception en amour. J'aime trop Musset ou je ne suis peut-être pas assez son admirateur pour faire de son génie l'extase de la débauche !

—

« A-t-on le droit de trouver ridicule ou honteuse une agonie ? » me demande M. Vallès.

Sans doute, répondrai-je sans hésiter, puisqu'on a le droit d'admirer la mort d'un sage, d'un homme stoïque. « Qui sait ce que sera la vôtre ? » ajoute-t-il malicieusement.

Je n'en sais rien à coup sûr ; mais pour faire son devoir, il suffit de connaître la vie. J'ignore au surplus pourquoi ce souvenir macabre se mêle à la discussion, car j'avais parlé plutôt d'immortalité que de mort.

—

Je ne discute pas le reproche qui m'est fait de croire aux hommes providentiels, moi, qui nie la mission de M. Rouher et le miracle du 2 décembre ! Je ne défends pas V. Hugo, je ne venge pas Lamartine ; ce serait supposer qu'ils sont éclaboussés ; je m'étonne seulement qu'un libre-penseur comme M. Vallès, quand je parle de foi, s'imagine que je veuille étrangler la conscience du poëte dans le *credo* d'une orthodoxie farouche. Croire au progrès, même en le discutant, à l'humanité même en la méprisant ; se mêler directement ou indirectement à l'action de leur époque ; voilà tout ce que je demande à ceux qui ont reçu le don d'émouvoir. On n'a pas besoin de cocarde ou de chapelet pour servir ; la conscience suffit.

Il n'est pas tout à fait exact de prétendre qu'Alfred de Musset a produit ses vers dans un temps de *boutique et d'autel.* Il a chanté à l'heure des plus belles hymnes de nos poëtes, des plus belles œuvres de nos peintres, des plus éloquents enseignements de nos maîtres ; il a surgi dans un mouvement incomparable qui reviendra, mais qui n'est pas revenu. D'ailleurs, ne vous y trompez pas : ce régime de *boutique et d'autel* (en acceptant pour vraie votre définition), Musset en souffrait si peu qu'il était l'ami du roi auquel on eût pu le reprocher, qu'il implorait dans ses vers dynastiques la Providence pour le salut de ce régime. C'est, de tous les poëtes contemporains, le seul qui ait chanté Louis-Philippe ; le seul aussi qui ait mis des crucifix dans toutes ses créations, depuis *Rolla* jusqu'à *Il ne faut pas badiner avec l'amour.*

M. Vallès assure qu'il faut avoir aimé, et sans doute avoir été trompé comme Musset, pour le comprendre. Cet argument ne prouve rien. On aime comme on peut; mais on porte sa joie ou sa douleur comme on veut. Si nul n'est libre d'être heureux, chacun est libre d'être fier.

Vous parlez de poëtes qui vivent et qui meurent d'amour; n'oubliez pas Molière, et dites-moi si ce comédien n'a pas porté d'une façon touchante et superbe son âpre désenchantement!

—

En somme et pour conclure, sur Musset et sur nous-mêmes, n'admettons jamais, réguliers, ou irréguliers, la théorie de la désespérance et de la *saoûlerie*. « Avez-vous compté, me demande M. Vallès, tous ceux qui, désorientés par la défaite, ont depuis dix-sept ans croulé dans le ruisseau? »

Non! j'ai compté ceux qui sont restés debout, et cela suffit à ma dignité de vaincu. Je pleure les fous, j'honore les morts; mais je ne me baisse pas jusqu'au ruisseau pour y ramasser les soldats de ma cause. Ceux qui s'y sont laissé choir avaient mérité d'être vaincus.

Il n'y a pas de misère et de défaite qui justifient l'abandon de soi-même. Celui qui déshonore l'avenir perd le droit d'invoquer son passé!

XXII

A M. E. Laboulaye

Membre de l'Institut, auteur du *Prince Caniche*.

18 juin.

Monsieur,

Une bête vient de mourir qui aura sa place dans l'histoire. Ne vous étonnez pas si je m'adresse à un membre de l'Institut pour lui trouver un successeur. Cette démarche n'a rien d'inconvenant pour l'animal ni même pour l'académicien.

Vous avez, dans un livre d'une philosophie charmante et profonde, étudié l'alliance du trône et de la niche, et, en parlant des *Gobe-Mouches*, vous avez écrit avec autorité pour les Français; vous représentez les princes et les chiens de l'avenir; n'est-il pas tout naturel de penser à vous et de vous prier d'intercéder auprès de la fée qui sait si fort à propos donner aux caniches l'héroïsme des rois, et aux rois la fidélité et la tendresse des caniches?

—

La bête qui vient de mourir n'exerçait aucune fonction publique; on le voit bien aux regrets qui honorent sa mémoire. Douce, inoffensive, elle s'est éteinte sans avoir mordu une seule fois la main qui l'a caressée; aussi les journaux officieux se pâment-ils d'admiration, sans oser entrer en parallèle. Indulgente pour les écrivains, elle ne leur envoya jamais un *Communiqué;* heureuse d'être aimée, elle ne cherchait pas à violenter l'enthousiasme; satisfaite de son état présent, elle ne mettait pas son orgueil à prouver que ses ancêtres n'avaient pas été chiens.

Je ne doute pas que les vertus et la mort de ce personnage à quatre pattes, ne fournissent la matière des prochaines compositions du concours général. M. Duruy, en étendant le programme des études historiques jusqu'aux faits contemporains, a voulu plaire à Néro.

—

Quant à moi, j'ai attendu que la douleur de cette affection perdue se fût vraisemblablement adoucie, pour oser en parler. Peut-être même en parlé-je encore trop tôt! Je sais que le deuil de la cour varie de six mois à six jours pour les princes; j'ignore ce qu'il dure pour les chiens. Ce n'est pas qu'il soit souvent d'une tactique bien habile en France, comme au pays des *Gobe-Mouches*, de garder le culte des morts, la vanité des vivants pouvant en être offusquée. On a trouvé un moyen ingénieux de liquider les regrets; c'est la manie des statues. Dès qu'une perte irréparable fait un vide dans l'État, on appelle le fondeur ou le marbrier. On prend la mesure du défunt; ou lui taille un étui de bronze ou de marbre, et le trou fait au cœur de la patrie est immédiatement rebouché.

Quand M. Billault mourut, il semblait que la France fût devenue muette pour toujours; le pouvoir n'ayant jamais qu'un orateur à la fois, c'était la déroute de l'éloquence. On mit une statue sur la tête du mort, et on mit tout aussitôt la main sur M. Rouher; dès lors, il sembla que la tribune eût gagné au change.

—

Mais il est plus facile de trouver des orateurs comme M. Billault, ou même un grand ministre comme M. Rouher, qu'un chien comme Néro. Voilà pourquoi je vous prie, monsieur, de nous donner l'adresse de cette fée qui préside aux métamorphoses des princes et aux enchantements des chiens.

Nous avons eu déjà la *Biche au bois;* elle a exercé sur la génération un empire qui dure encore. Tout le luxe, c'est-à-dire toute la misère, tous les désordres dans les mœurs, dans les idées, dans les sentiments, tenaient aux vagabondages perpétuels de cette biche, qui se changeait en princesse pour se faire bâtir de beaux palais, de cette princesse qui se changeait en biche pour courir les bois.

—

L'heure est venue de substituer à la féerie qui déprave la féerie qui moralise. Gardons le décor puisqu'il coûte cher, et puisque d'ailleurs il n'est pas payé; et changeons la métamorphose. Le *Prince Caniche* a fait ses preuves; il est en tout supérieur à la *Biche au bois*. Il a du cœur, ce bon petit souverain; il le prouve en disant son fait à son grand ministre orateur, *Pie-Borgne*; et la sensibilité qu'il déploie sur les champs de -bataille nous garantit qu'il ne donnerait que des conseils de paix et de désarmement.

S'il n'était pas amoureux, votre prince, cher monsieur, serait le plus parfait des monarques. Il est vrai que sans l'amour qui le rend bête, il ne se changerait pas en caniche, et qu'il ne pourrait pas nous convenir, puisque c'est surtout une bête qu'il nous faut.

Nous ne manquons pas de princes; et il est si facile d'en faire, quand nous venons à en manquer!

La fée *du Jour*, qui protége le peuple des

Gobe-Mouches, sait que la galanterie est le plus grand écueil, dans ce pays-là, pour la sagesse des princes, et pour l'équilibre de la fortune publique.

Il n'en est pas de même en France, où presque tous les rois ont été des verts-galants, et où le principe de la légitimité se fortifiait jadis par une quantité de petites pousses parasites et illégitimes. L'on voit visiblement que votre prince Jacinthe n'est pas une allusion ou une épigramme; puisqu'il devient une bête douce, caressante et fidèle, un vrai caniche, toutes les fois qu'il est sur le point d'aimer.

Mais cette métamorphose accomplie, combien de vérités invisibles aux hommes, qui deviennent tout à coup éblouissantes aux yeux du chien! Comme il sait vite à quoi s'en tenir sur l'éloquence de ses ministres, sur leurs principes et leur désintéressement! sur l'exécution des règlements et des ordonnances, sur la douceur des sergents de ville, sur l'équité des agents de police, et sur l'importance que se donne le plus petit des fonctionnaires dans l'empire des gobemouches!

Comme il profite, le *Prince Caniche*, en écoutant un bourgeois qui se pavane dans sa nullité, et qui recommande à ses enfants de ne croire à rien, de respecter tout, et de s'en remettre exclusivement au pouvoir du soin de la politique!

Quelle leçon d'égalité et de liberté il reçoit dans

la fourrière, au milieu des chiens vagabonds que l'on a ramassés, et des honnêtes chiennes que l'on a arrêtées, uniquement pour faire du zèle et pour avoir une prime! Comme il apprend à se défier des razzias de la police, des fausses émeutes, des prétendus horions que reçoivent, toujours en imagination, les mouchards qui les ont donnés en réalité!

C'est dans la fourrière que le *Prince Caniche* pèse le joug des lois qu'il a sanctionnées!

Un capitaine de cuirassiers vient réclamer son chien; on invoque les règlements.

— Monsieur, lui dit-on, la loi est faite pour tous les citoyens!

— Taisez-vous, insolent! répond le capitaine, sachez que les soldats ne sont pas des citoyens!

Un laquais redemande la levrette du ministre qui vagabondait tout comme le chien d'un aveugle. Il faut entendre ce laquais aussi fier que son maître! On lui objecte la loi.

— La loi! dit-il d'un air dédaigneux, vous imaginez-vous qu'elle soit faite pour les chiens du gouvernement?

— Et voilà le laquais qui part sur les pas du militaire, insultant à cette loi mesquine, bonne tout au plus pour ces niais qu'on appelle les citoyens!

Le *Prince Caniche* entend tout cela. Son cœur de prince en souffre, et sa logique de chien en est cruellement affectée. Pensez-vous qu'un tel animal serait déplacé dans les basses-cours de la Cour?

—

N'oublions pas non plus la belle leçon de philosophie pratique que le *Prince Caniche* reçoit d'*Arlequin*, le chien errant, le paria, le démocrate, le révolutionnaire, la bête que l'on traque, que l'on tue, que l'on calomnie, que l'on exploite; et qui, patiente dans sa misanthropie, se venge par le mépris, se console par l'orgueil!

Le *Prince Caniche* reste fidèle à ce vieux démocrate qu'il a connu dans sa captivité; il ne le renie pas, et quand il rentre en possession définitive de son humanité et de sa royauté, il appelle à lui le prolétaire, pour s'inspirer de ses douleurs et de ses conseils.

Malheureusement on s'aperçoit que le vieux bouledogue est bien en cour; on veut lui mettre des pétitions au cou; et l'inflexible indépendant qui ne demande rien pour lui, ne veut rien demander pour les autres; il fuit le palais. Voilà pourquoi il n'y aura jamais la queue d'un chien vraiment démocrate et libéral dans les antichambres officielles.

Je ne veux pas, monsieur, refaire ni résumer votre beau roman. Il me suffit de dire qu'il contient, pour les rois, l'art de régner; pour les peuples, la science d'obéir; et qu'en trottinant avec Jacinthe métamorphosé en caniche, à travers tous les chemin, vous découvrez toutes les vérités utiles. Ah! si le *Prince Caniche* pouvait un jour, dans ses courses, se réfugier aux Tuileries!

—

Je ne sais s'il y trouverait un orateur parlant sur toutes les questions, sans s'arrêter et sans reprendre haleine, comme le célèbre *Pie-Borgne*. Je ne sais s'il se heurterait à un ami des circulaires, des règlements, comme l'illustre *Touchatout ;* mais je sais qu'il aurait de curieuses révélations à faire sur l'influence des bêtes dans la politique en général, et sur l'influence des chiens couchants dans l'administration en particulier.

C'est lui qui pourrait dire s'il est juste de croire aux complots attribués aux chiens de la fourrière par ceux qui redoutent la revendication des captifs! C'est lui qui pourrait enseigner comment un ministre jette son portefeuille dans les jambes du pouvoir, à un moment donné, pour l'empêcher de marcher ; et enfin comment, lorsqu'on veut faire la guerre, il faut crier sur tous les tons que l'on désire uniquement la paix.

—

Il paraît que chez les *Gobe-Mouches,* les choses se passent à peu près comme chez nous.

Le prince est jeune, croyant, aimant, dans l'âge de la poésie; il rêve la paix, la concorde : on vient lui dire qu'il doit aller égorger le *roi des Coqsigrues,* parce que ce dernier l'a appelé *blanc-bec!*

Périssent des milliers d'hommes, et disparaissent des millions d'argent pour laver cette insulte! Blanc-bec! Si l'on avait dit : *Bec blanc!* l'affaire s'arrangerait, la diplomatie l'assure ; mais *blanc-bec!* Pauvre prince! le voilà à la bataille. Il s'y bat comme un héros, et il s'y conduit comme un caniche.

—

La nuit, quand la lune met son suaire sur les morts, et vient recevoir le baiser d'adieu des mourants, le prince métamorphosé en chien va courir sur la terre labourée par ses boulets; il suit les pillards qui volent les cadavres, il lèche les plaies saignantes, il recueille le dernier soupir des agonisants, il écoute avec ses oreilles de chien la plainte lamentable que les oreilles de prince ne savent pas entendre, il assiste avec horreur à ce cauchemar de la victoire, il rapporte sous sa tente, avec ses pattes et avec son museau, le fumier sanglant de sa gloire, et il gagne à cette vision la mélancolie salubre qui préserve les peuples des billevesées guerrières des rois fanfarons!

Ah! qu'il en dirait long, ce bon *Prince Ca-*

niche, sur la folie des batailles, sur ce qu'elles coûtent à la raison, à l'humanité et aux caisses de l'État!

Sous la main d'un grand chef d'armée qui le caresserait, comme ce bon chien, qui a bu les larmes d'un peuple, lèverait les yeux avec douceur et avec autorité, et dirait à son maître :

— Ne faites pas des veuves et des orphelins! Ne faites pas chanter des *Te Deum* si vous voulez être aimé. La poudre coûte cher, le sang ne se rachète pas; si le peuple aime la bataille, c'est qu'il a été mal élevé; refaites son éducation avec la vôtre; guérissez-le, guérissez-vous de l'ambition!

Et en disant cela, le bon Caniche enseignerait l'amour par sa fidélité, la paix par sa douceur, le progrès par son intelligence.

—

Il n'aurait pas besoin de nous proposer la constitution des *Gobe-Mouches,* que je soupçonne d'être vraiment trop parfaite pour nous; mais depuis l'intimité jusqu'au conseil des ministres, depuis le boudoir jusqu'aux grandes avenues des parcs impériaux, combien d'insinuations sages, de caresses profitantes, de jappements heureux, de frétillements de queue salutaires, ce caniche, qui sait à fond le métier de prince, pourrait prodiguer à son maître, en gambadant à côté de lui! Quelle amitié surnaturelle que celle de ce prince qui n'est pas plus fier qu'un caniche, que celle d'un caniche qui n'est pas plus bête qu'un prince!

—

Voilà le successeur qu'il faudrait donner à Néro, comme on a trouvé M. Rouher pour consoler de la perte de M. Billault. J'ai pensé, monsieur, que vous pouviez fournir des renseignements précieux à cet égard. On ne vous consultera pas; mais dans un deuil aussi grand, et quand il s'agit, après tout, d'une influence qui profiterait au bonheur public, j'ai cru qu'il était de mon devoir de provoquer votre patriotisme.

Dites-nous si nous sommes bien loin du pays des *Gobe-Mouches;* si le prince Jacinthe consentirait à redevenir chien pour de beaux appointements ou pour faire le bonheur d'un peuple; et dans le cas où le *Prince Caniche* serait bien mort, dites-nous, dans un nouveau joli conte, comment on se console de l'absence des princes modèles et des chiens de qualité bien élevés!

XXIII

LA BOURSE OU LA VIE!

25 juin.

Il y avait une fois à Paris trois artistes sincères; l'un était poëte, et voulait dire des choses si justes dans des vers brûlés du feu de Juvénal, qu'il ne les disait pas.

L'autre était peintre, mais ne voulant ni servir l'historiette, ni peindre la nature morte dans un siècle moribond, il se gardait bien de travailler, et philosophait sur la peinture, pour n'avoir à subir ni l'admiration des sots, ni l'encouragement du pouvoir.

Le troisième était musicien; mais comme en même temps il était fier; il ne mettait en musique aucune cantate, aucun vaudeville, et laissait la popularité des carrefours à la romance du beau Dunois.

Est-ce un conte que j'entreprends? non; vous

le verrez à l'amertume des détails. Est-ce une simple histoire? non ; car un quatrième artiste, M. *Louis Rambaud,* un poëte, vient d'enjoliver de son humour, dans un livre solide et profond, les aventures de ces trois jeunes hommes, sous le titre de *Voyage de Martin à la recherche de la vie.*

—

Ce voyage, tout le monde veut l'entreprendre, à l'heure où nous sommes. On étouffe dans les mensonges de pierre de ce Paris fantastique ; on meurt dans l'activité malsaine d'une société qui n'a plus d'idéal, et qu'on abêtit à force de fausses gloires et de faux orgueil.

Ce que certains hommes dénoncent comme la turbulence des vieux partis, ce que M. Guéroult croit être l'impatience des moustiques, ce qui donne l'appétit des feuilles nouvelles, ce qui fait le succès des journaux hardis, c'est la révolte contre le fardeau d'une *mal'aria* trop prolongée, c'est la recherche de l'air, de l'esprit, de la vie, enfin!

Mettons-nous donc en route avec ces trois artistes qui représentent trois aspirations de l'âme, et voyons s'il est possible de la trouver, cette vie nouvelle, ou plutôt cette vie éternelle, dans le grand phalanstère que la centralisation communiste est en train de nous arranger. L'heure est critique ; le piége est dressé ; on nous tend la main pour nous demander le loyer coûteux de cette féerie de surface, qui trompe et emprisonne notre misère morale. Faut-il payer toujours? ou bien faut-il refuser le renouvellement du bail aux mêmes conditions? On nous demande la bourse, nous demandons la vie. Qui cédera?

—

Martin le poëte, *Jacques* le peintre et *Laërtes* le musicien, s'ennuyaient donc à périr, quand ils prirent un jour leur bâton de voyage, pour chercher la vie humaine, à travers le monde. Ils n'allèrent pas bien loin sans se heurter à des désenchantements; ils traversèrent des foules aveugles, mouvantes, corrompues, c'est-à-dire ignorantes, qu'un pétard jetait dans l'extase, qu'un tambour endormait dans l'ivresse. Ils voulurent secouer ce troupeau; mais les moutons agglomérés sont dangereux comme les loups isolés; ils ne mordent pas, ils étouffent.

Nos trois artistes plus attristés, s'éloignèrent des rires stupides, des gaîtés égoïstes de la foule.

—

Comme il pleuvait, ils entrèrent dans un temple sans dieu, et virent des hommes hurler, gesticuler, se montrer le poing, autour d'une corbeille sans fleurs. Ils s'approchèrent tout haletants de ces hommes, leur demandant la vie; les autres leur répondirent qu'ils étaient à la

Bourse pour trafiquer, vendre, acheter, et non pour vivre.

Une autre fois, ils pénétrèrent dans le sanctuaire de la justice; on y distribuait la prison et la mort après des paroles nombreuses de gens qui s'essoufflaient pour user leur existence en mots sonores, ou pour la thésauriser en espèces sonnantes. Mais vivre, penser, aimer! On ne s'occupait guère de ces choses accessoires.

—

Après avoir vainement erré entre les casernes, les églises et les palais des capitales, nos trois voyageurs voulurent pénétrer la province. C'est là que la vie douce, que la vie du cœur s'est réfugiée!

Et tout d'abord, pour être bien renseignés, ils s'adressèrent à un jeune homme. Heureusement pour eux celui-là n'était point bête : il leur expliqua l'ennui, la vanité et la nullité de l'existence provinciale, telle que la centralisation excessive l'a faite :

« — Les jeunes gens d'ici, leur dit-il, font pour la plupart quelque petite besogne qui les empêche de s'ennuyer trop; pour le reste du jour, ils le passent à jouer aux cartes et attendent ainsi l'heure de se marier; d'autres ne disent pas un seul mot sans étirer leurs bras dans les manches de leurs habits, et pensent ajouter par là à la valeur de leurs propos et à la leur propre; d'autres entretiennent de leurs amours d'une façon avantageuse pour eux; et ceux qui les écoutent affectent d'y prendre plaisir. Je ne parle que des meilleurs; il en est sans doute de plus intelligents, qui emploieraient mieux leur temps s'ils pouvaient; mais ceux-là sont écrasés par les rudes travaux qu'il leur faut faire pour vivre. »

Nos trois rêveurs essayèrent de tirer une étincelle de la province; mais toutes les étincelles étaient en route pour Paris; ils allèrent aux champs, et au lieu d'entendre les paysans vanter la joie de marcher libres à côté du sillon gorgé d'épis, ils les entendirent se féliciter de ce que le pouvoir était fort; et peut-être bien qu'en prolongeant leur séjour, ils les eussent vus aller, embrigadés, aux élections, fiers d'être soumis, satisfaits de peser de la lourdeur du plus grand nombre dans le plateau du pays. Mais de la vie? Ils ne savaient rien et ne voulaient rien savoir.

—

Çà et là, les voyageurs rencontraient des hommes véritables, bien reconnaissables à leurs blessures, à leurs flétrissures, à leur découragement. Ils en trouvèrent un qui avait eu la vocation de vivre botaniste, d'étudier les plantes, et qui forcé tout jeune de faire son droit, d'entrer dans un bureau, n'avait jamais vécu de la vie pour laquelle il était né. Ses fonctions l'avaient absorbé, tiraillé jusque dans les derniers replis de sa conscience. Juré, il s'était vu obligé ou d'acquitter un scélérat, ou de le condamner à mort, en détestant la guillotine. Citoyen, docile aux lois, il avait payé par suite de mutations, de successions, d'acquisitions, tant d'impôts, que les trois quarts de son patrimoine y avaient passé.

Exproprié sans motif impérieux, il avait vu ses souvenirs en déroute, ses piétés domestiques, la vie de son âme éparpillée aux quatre vents ! Il est vrai qu'on l'indemnisa si bien qu'il fut presque ruiné.

Dénoncé, pris par mégarde pour un autre, il est arrêté comme suspect, relâché avec mauvaise grâce, et surveillé par la police qui a toujours peur que les innocents ne se plaignent trop haut des injustices souffertes.

Il vient à Paris pour une société en commandite ; mais il a le malheur de flâner autour de la colonne de Juillet ou de tout autre monument séditieux, un jour d'anniversaire ; on l'empoigne ; et comme il a un couteau dans sa poche et des antécédents d'arrestation qu'on lui a faits, il est vivement inquiété. Grâce au hasard, il échappe ; voilà comment un homme de bien et de savoir n'a pu vivre sa vie et mourra découragé !

—

Martin et ses amis se heurtent à des patriotes qui ne parlent que de la guerre, qui veulent tout massacrer en Europe pour empêcher les Allemands d'être aussi Allemands qu'ils ont le droit de l'être, et pour ruiner les Anglais que notre activité commerciale ne dépasse pas. — Bousculons! coupons! brisons! cassons! ravageons! conquérons! saccageons! Et enfin, cueillons des lauriers! car c'est là seulement qu'est la vie! — Et sur ce refrain les conscrits défilent, les drapeaux fraternels s'ouvrent au vent, les enfants crient d'enthousiasme, les femmes pleurent d'émotion; on fait l'apothéose de la mort et du pillage; les générations civilisées dansent comme les sauvages de la Sonde autour du trophée arrosé de sang et bâti d'ossements humains!

—

Ce n'est pas gai. La plainte d'un amoureux naïf et sincère, qui a lu les poètes et qui les croit sur parole, est-elle plus drôle? Le pauvre fou cherche la foi, la candeur, et veut aimer, être aimé! On le raille, on le bafoue, on en fera un crétin ou un débauché.

A propos de crétins, nos voyageurs arrivent aux pays des *administrés*. Les *administrés* ne pensent plus, ne travaillent plus, ne trafiquent plus, ne vivent plus; c'est l'État qui fait tout, qui remplace tout, qui supplée à tout. Ah! le beau pays! On fait les rues que l'on veut, au prix que l'on veut, avec le désintéressement que l'on veut; et comme l'État tient tous les journaux, il n'y a pas un moustique qui s'avise de piquer le moindre personnage de cette capitale du régime officiel!

—

Ainsi poursuivant leur voyage, nos artistes cherchent la vie, et ne trouvent partout que l'étouffement. La nature elle-même, asservie par des expropriateurs féroces, n'est plus pittoresque que quand on lui permet de l'être. L'autorité a tout marqué, tout limité, tout contrôlé, tout gâté. Plus d'imprévu dans le monde, plus d'individualité dans les foules. Les poitrines vivent d'une vie automatique que l'on distribue, mais que nul n'est libre de choisir : c'est la réglementation de l'agonie!

—

Pourtant les voyageurs s'arrêtent au bord de l'Océan. L'immensité est la dernière consolation de ceux que la grandeur puérile de notre société écrase. Ils trouvent un débris des vieux partis, des vieilles croyances, une épave, une âme que la mer a purifiée, que la solitude a rajeunie; et ces désespérés du présent s'entretiennent avec ce vaincu des espérances immortelles, de la liberté toujours défaite, mais toujours invincible. Si blessés qu'ils soient par le désenchantement et le dégoût, ils aspirent l'air lointain, saturé des vapeurs salubres de l'Océan, qui vient sur eux du fond d'une Amérique inconnue. Ils gardent leur colère, leur tristesse ; mais ils jettent leur cœur en avant ; ils seront, s'il le faut, les citoyens des siècles à venir, mais ils lutteront contre le marasme, la honte, la trivialité, le despotisme mesquin de la société actuelle.

—

Ces trois voyageurs revenus, tout le monde veut les suivre de nouveau, et les exhorte à repartir ! les journaux qui paraissent, on les arrache aux vendeurs comme des itinéraires attendus. Il ne suffit pas à Rochefort d'être une conscience ferme et un homme d'esprit pour réussir ; c'est parce qu'on se dit que sa *Lanterne* peut éclairer le chemin, qu'on court à sa clarté. La vie n'est nulle part encore ; mais on l'entend sourdre dans les journaux qui n'ont jamais abdiqué leur indépendance pour une livrée ou pour une coterie. C'est là un fait éclatant, un symptôme. Le pouvoir a senti venir le flot et a proposé la loi de la presse comme une écluse. L'écluse est faite, le flot est venu, il est logique de le laisser passer.

Malheur aux entrepreneurs de barques et de nacelles dont *les petits bateaux ne vont pas sur l'eau !* Qu'ils s'en prennent à eux seuls, mais qu'ils n'accusent pas de leur naufrage les esquifs aventureux lancés déjà à la mer. La tempête est pour tout le monde ; le port est caché dans la brume ; mais le vent est dans les voiles ; et quand les rameurs sont solides, ils finissent par fatiguer le mauvais vouloir des flots !

Voilà pourquoi il faut applaudir sans jalousie à tous les journaux qui naissent, à tous les efforts honnêtes, car ils multiplient le goût de la lutte, le besoin de la liberté, et ils affirment la nécessité de la vie !

XXIV

ET LA MER MONTAIT TOUJOURS!...

7 juillet.

La mer commence ses réclames sur les murs et dans les journaux. Il faut être maçon ou député pour rester à Paris par cette température d'Austerlitz, chauffée à blanc. Encore est-il juste de reconnaître que si M. Rouher pouvait envoyer promener les députés, la chose serait bientôt faite; quant aux maçons, M. Haussmann ne dissimule qu'à peine l'embarras qu'ils lui causent. Si l'Opéra, aussi difficile à terminer que la Tour de Babel, était seulement achevé! Si l'on avait mis la dernière main aux dernières casernes, monuments expiatoires de la Révolution française, que le petit-fils du conventionnel se plaît à offrir aux mânes de Louis XVI, Paris serait bientôt vide.

—

En attendant, tout homme qui ne gâche ni le mortier ni l'éloquence, fait ses préparatifs pour aller voir la vieille mère de Vénus, devenue la mère Gigogne de nos cocottes.

L'aquarium du boulevard Montmartre a sonné le départ dans sa conque, en s'évadant lui-même ; un vent de débâcle, de liquidation souffle sur les monuments les plus nécessaires, comme sur les institutions les plus solides ; et l'aquarium s'en retourne à la mer, comme le Crédit mobilier s'en retourne... Dieu sait où ! Le phoque et les merlans seront plus satisfaits que les actionnaires.

—

Tout en écoutant de loin, avec mélancolie, cette voix retentissante de la vague qui nous appelle, et qui est plus éloquente que la voix de M. Rouher lui-même, je cherchais hier, devant la vitre d'un libraire, un guide, un indicateur, un initiateur de l'Océan, quand j'aperçus, rue Richelieu, une brochure, alléchante comme une brise marine, avec un titre frais comme la plage : *La Marée montante.*

— Combien ? demandai-je en frissonnant de joie.

— Cinquante centimes !

J'achetai et je m'enfuis.

—

Hélas ! hélas ! J'avais été mystifié comme un

diplomate français après la bataille de Sadowa; j'avais été refait comme un souscripteur à l'emprunt mexicain. Savez-vous ce qui se cachait sous ce titre plein de fraîcheur? Une étude brûlante sur le budget. En fait de perspective azurée, je ne pouvais espérer que des fragments du *Livre bleu*. J'avais pris, à première vue, pour des paysages sous-marins, des tableaux indiquant les profondeurs sous-budgétaires; car, pour aider à la tromperie, l'auteur et l'éditeur ont mis des gravures, des plans. On croit voir l'échelle des marées; on contemple avec terreur l'échelle des dépenses de l'État; ce que l'on prend pour le flot ascendant de la mer dans ses caprices, c'est le flot calculé des emprunts qui vont déborder, et qui menacent la falaise.

—

La déconvenue était atroce, mais l'idée est ingénieuse; et en maudissant mon étourderie, j'essayai de me consoler par la lecture de cette petite brochure. Je la recommande à ceux qui rêvent des naufrages, comme à ceux qui s'endorment insoucieux sur les flots dont M. Rouher fait le flux et le reflux.

Ce n'est point un pamphlet, un livre déclamatoire; c'est la photographie, c'est la silhouette même du budget. Et quelle silhouette! Elle fait peur sur le mur! C'est l'esquisse d'un drame qu'on pourrait appeler l'*Abîme*, et dont le dénoûment serait *le déficit ;* si depuis longtemps, en France, les meilleures comédies et les plus mauvais drames ne trouvaient le moyen de ne jamais finir, et de n'avoir pas de dénoûment.

L'œuvre est divisée en six tableaux.

Le premier tableau représente les eaux vertes et transparentes où plongent l'échelle du *budget* et l'échelle de la *dette flottante.*

En 1840, il y avait place pour les vaisseaux de tous les calibres sur cette mer au sillage argenté. Qu'est-ce qu'un budget d'un milliard 363 millions? A peine un banc de corail; on le voit, on l'admire, on y jette l'ancre; on ne s'y heurte pas.

En 1848, les travaux nombreux, les armements, les chemins de fer haussent un peu le rocher.

A partir de 1851, il ne s'arrête plus, il vient à fleur d'eau : il surgit, il s'élance; il est l'île escarpée dont on ne peut sortir, quand on y est entré. Les plongeurs constatent que le bloc mesure *deux milliards trois cent quatre-vingt-dix-neuf millions;* c'est le plus haut budget connu.

La mer monte et bouillonne tout autour !

Au-dessous, dans le même tableau, une ligne

qui serpente agréablement représente avec gentillesse la *dette flottante*.

On dirait, à voir les petits plis de ce ruban, la ceinture de Vénus que la déesse a rejetée dans la mer. Hélas! oui, c'est une ceinture dorée. Le proverbe dit que la bonne renommée vaut mieux.

En 1840, la dette flottante était de 200 millions; elle a grandi en flottant, et elle est aujourd'hui de 936 *millions!*

La mer continue à monter et à frissonner autour de ce joli petit ruban!

Le second tableau est celui qui doit faire battre tous les cœurs vraiment français; malheureusement c'est celui aussi pour lequel on se bat. C'est le budget de la guerre et de la marine. Celui-là expose le drame avec candeur, et noue l'action avec une simplicité antique.

Vous qui demandez pourquoi on lésine sur le budget de l'instruction publique, apprenez que la France dépensant pour tuer et faire tuer les hommes, un budget qui varie de 500 *millions à un milliard*, ne peut dépenser autant et plus, pour les élever et les instruire. *Un milliard!* Voilà ce que coûte en 1855 le budget de la guerre d'Orient. C'est là surtout que le flot monte; c'est sur ce sable qui boit le sang et les larmes que la marée grossit et se gonfle! Combien de colères, de pillages inutiles, d'atrocités vaines! mais aussi combien de croix d'honneur dans ce milliard!

Un jour, à la tribune, le général Foy s'écriait devant la demande d'un milliard pour les émigrés :

« Savez-vous qu'il ne s'est pas écoulé un mil-
« liard de minutes depuis la naissance de Jésus-
« Christ ? »

Depuis la mort du général Foy, il s'est écoulé quelques secondes, la disproportion est donc moins choquante; mais la mer continue à monter!...

—

Un tableau qui ne donne ni l'idée de rochers à pic, ni la crainte de tempêtes, c'est le tableau des *travaux publics*. Celui-là est d'une limpidité, d'une tranquillité parfaite. A peine 200 millions dans les plus beaux moments d'activité.

Mais la République et la monarchie de Juillet faisaient mieux les choses; le seul mouvement sérieux, la seule augmentation notable dans cette marée qui féconderait la France, s'est produite en 1848. A cette époque, le budget des travaux publics s'est élevé à 236 millions; il n'a jamais dépassé ce chiffre, qu'il n'a même pas atteint depuis le rétablissement de l'Empire.

Quel mépris M. Haussmann doit avoir pour ces petits travaux publics de la France, comparés aux travaux accomplis à Paris! Malheureusement M. Haussmann n'est préfet que dans son pays, et la France pourra se demander, un jour, pourquoi tant de moellons accumulés dans la capitale, et tant de déserts, tant de masures, tant de mauvaises routes dans les départements! C'est qu'on ne peut à la fois bâtir Paris, démolir l'Europe, et soigner la banlieue! La rue de la Paix et le chemin de la guerre où passent nos généraux triomphants, importent davantage que les petits chemins où passent les bœufs! Qu'est-ce que l'agriculture, l'industrie et le commerce, auprès de ces merveilles dont le fusil chassepot est l'évangile?

Le tableau des travaux publics, comparé aux autres tableaux, est comme la mare d'Auteuil comparée à l'Océan. C'est une anse douce et tranquille; l'oasis des pêcheurs à la ligne. On en voit le fond, et la marée ne s'y montre jamais fougueuse.

—

Si la gloire coûte un milliard, l'instruction publique, le clergé et la justice coûtent beaucoup moins cher.

L'ignorance est vraiment à bon compte; pour 27 millions la bêtise est satisfaite.

Sur ce fond boueux, la mer ne s'agite pas. Le Neptune des écoles primaires ne sera jamais accusé de vouloir introduire en France les mœurs américaines. On compte aux États-Unis cinquante mille instituteurs, et cent mille institutrices! Mais c'est un pays d'anarchie! Ne vaut-il pas mieux ne consacrer que le *centième* du budget à l'instruction des enfants, en leur réservant près de la moitié pour leur enseigner le maniement du fusil?

Pourquoi les frais de justice augmentent-ils, puisque les statistiques assurent que le nombre des crimes diminue? En 1838, il en coûtait 20 millions seulement à la France, pour avoir des juges comme à Berlin; aujourd'hui la magistrature nous coûte 12 millions de plus.

Pourquoi, si la moralité augmente, sont-ce les magistrats qui doivent toucher la prime?

Quant au clergé, il est bien naturel de l'indemniser de la diminution de la foi. Au temps où l'on était encore un peu dévot, le budget du culte était de 35 millions; depuis que la dévotion baisse, les émoluments montent; on paie maintenant 52 millions à des ingrats qui ne sont pas satisfaits; mais, à ce prix, on obtient encore de jolis *Te Deum* pour fêter le massacre d'une armée!

—

La marée la plus haute, la plus mousseuse, la plus étincelante au soleil, c'est sans contredit la marée des dotations. Le flot monte, et ne paraît pas résigné à s'arrêter.

Si le pouvoir est la lumière, il faut avouer que nous entretenons joliment les rayons.

En Suisse, la liberté, cette vachère, ne coûte que *douze mille francs;* voilà pourquoi nous n'en voulons pas.

Aux États-Unis, elle a *cent vingt-cinq mille francs* de dot. C'est déjà quelque chose ; mais il n'est pas un agent de change français qui voulût marier son fils à une dot pareille.

En Angleterre, pays de préjugés aristocratiques, mais aussi de libéralisme, la royauté coûte 11 *millions* de luxe ; c'est raisonnable.

Comme la France est supérieure à ces pouvoirs mesquins, elle dépense presque 50 *millions* en auréoles, en dotations, et n'est pas encore satisfaite.

49,002,280 *francs*, voilà l'aurore du soleil impérial en 1869 : je néglige les fractions.

Louis-Philippe ne coûtait pas 15 millions.

La République de 1848, malgré ces abominables 25 fr. donnés aux députés, n'est pas parvenue au chiffre de 1 million. Nous avons aujourd'hui pour quarante-huit fois plus d'éclat, de clinquant.

Mais qui se plaindra jamais de voir monter le flot de la reconnaissance, du luxe bien entendu, du prestige extérieur !

—

Le dernier tableau de cette série de panoramas maritimes, est le tableau de la *dette perpétuelle*. Nous sommes en plein Océan. C'est ici que la mer monte et qu'elle ne s'arrête pas. C'est ici que les naufrages seraient à craindre, si nous n'avions pas des nautonniers habiles !

Sous la première République, la dette était de 40 *millions*, elle est aujourd'hui de 360 *millions*, et ce n'est pas fini, la mer monte! En comptant le nouvel emprunt qui se prépare, la France aura *un million d'intérêt* à payer par jour à ses créanciers. Comme vague, c'est joli!

—

L'auteur de ces marines consolantes, M. Mercier, conclut en disant que les deux gouvernements de l'Empire, en moins de vingt-cinq ans, ont créé les trois quarts de la dette publique. L'Empire actuel a reçu et dépensé, de plus que le gouvernement de Juillet, *onze milliards*!

Pourquoi ne fait-on pas dorer la colonne Vendôme? Elle serait d'uniforme, et nous serions beaucoup plus fiers en la regardant.

J'oubliais que, sous cette marée de millions, les pauvres gens, les chercheurs d'épaves, ramassent des petits chiffres qui sont des perles! Ainsi, croirait-on bien que nous n'avons que *trois millions* d'indigents en France, et que, sur cette quantité, il n'en meurt guère plus de trois cents par an de froid et de faim?

C'est du moins un rapporteur officiel, M. de Melun, qui l'assure. A quoi bon, dès lors, nous inquiéter? Ne fait-on pas bien d'aller insoucieusement se baigner à la mer, sans s'alarmer des tempêtes possibles, des pieuvres qui rampent, des requins qui rôdent?

Le ciel est bleu, la brise est fraîche ; on entend au loin les fanfares des soldats qui chantent *le Beau Dunois*, ou *la Belle Hélène* ; M. Rouher prend ses vacances, la tribune va se taire, et quiconque bourdonne n'est qu'un moustique sans conséquence.

Jouissons donc, rêvons, rions à la marée qui monte ; car il n'y a pas de flux sans reflux, et la plage est douce quand le flot se retire !

XXV

LA LIBERTÉ EN VILLÉGIATURE.

16 juillet.

Il faut bien quitter Paris de temps en temps. Il vient une heure caniculaire où M. Veuillot lui-même, dans l'ombre des sacristies, ne trouve plus de fraîcheur. On va demander à la mer, aux montagnes, aux forêts, l'apaisement de cette fièvre de Paris que l'on exporte en croyant la fuir.

Paris et la Liberté ! voilà les deux maîtresses éternellement volages auxquelles, en dépit de tout, on reste éternellement fidèle, quand on les a aimées une fois. Pour un jour de coquetterie, de vanité, on se boude, on se sépare ; on dit adieu, en lui montrant le poing, à cette belle ville (je pourrais dire à cette belle fille), entretenue par M. Haussmann ; on s'éloigne, en lui montrant des yeux irrités, de cette Liberté incomplète qui encourage l'insulte et qui désarme la probité.

Mais à peine est-on sur la plage ou sur la colline, ou dans le chemin vert, qu'on sent l'âpre désir de revoir ce Paris adoré, ne serait-ce que pour ne plus rencontrer les Parisiennes en tournée, qui infestent la mer et les campagnes! A peine a-t-on jeté au vent la dernière feuille imbibée d'encre et tachée de boue, qu'on se prend à regretter jusqu'aux pamphlets injurieux, et qu'on voudrait rentrer dans la polémique, ne fût-ce que pour avoir le plaisir de lire, d'écrire ou d'être lu!

—

Cette nostalgie du macadam et de la presse, c'est l'appétit de la passion qui grandit beaucoup depuis quelque temps. Le repos fait honte dès qu'on y a goûté. Sur la grève, sur les monts, quand on a eu (si petit soldat qu'on soit) sa part des combats dans la vie, on rêve à la bataille et l'on brûle d'y rentrer.

Nous fuyons l'été, qui torréfie l'asphalte et les murs; mais cet autre été de l'esprit, qui nous brûle en dedans, qui nous pousse à la lumière, à la clarté, qui nous défend d'interrompre notre travail, car ce serait interrompre notre honneur et déserter notre poste, cet été-là, soleil de l'âme, saison de la libre pensée, nous ne pouvons ni le fuir ni l'oublier dans une heure de paresse. Il est en nous et nous réveille.

Que le Corps législatif se repose de M. Rouher et que M. Rouher se repose du Corps législatif; que ces deux lassitudes, embarrassées devant l'activité du pays, se séparent après s'être vainement chamaillées, rien de mieux. Mais le parlement des consciences reste uni, en permanence. Il a son programme, il sait ce qu'il veut, et ne se lassera plus de vouloir. Chaque livre nouveau est une tribune errante qui nous poursuit de son écho.

Avant hier, Alexandre Dumas fils, dans ses préfaces, proclamait l'insurrection du bon sens contre la censure. Hier, Prévost-Paradol, ce néophyte qui se prépare au culte de la Liberté, nous parlait, avec la grâce délicate d'un secrétaire perpétuel, du libéralisme académique. Aujourd'hui, c'est Jules Claretie, un élève de Camille Desmoulins, qui jette avec élan sa foi, son espérance, sa libre parole dans l'air qui passe.

Quelle illusion de penser qu'on peut fuir Paris! il nous rejoint, il nous ressaisit par les mille petites pattes brûlantes de ces livres ailés! On n'emporte pas la patrie à la semelle de ses souliers; mais on emporte toujours avec soi l'éclair, le rayon de cette patrie de l'esprit qui sème dans la brise des lettres de naturalisation.

—

Je suis à cent lieues; j'ouvre ma fenêtre; j'aspire l'air matinal. Est-ce le chant de l'alouette que je vais entendre? Non ; c'est la voix d'un de ces gazouilleurs au timbre aigu, annonçant aux oublieux ou aux oubliés de Paris que le *Petit Journal* et le *Figaro* viennent d'arriver. On se lève, on court à cette rosée; on se rencontre auprès du marchand. Quoi de nouveau ? quel prince est mort ? quel livre a paru ?

— Tiens, dit l'un, ce pauvre Paulin Limayrac !

Le silence, cette oraison funèbre du pardon, enveloppe chastement le décès d'un fonctionnaire déserteur de la critique et de Vauvenargues; puis, quand on apprend que c'est le cœur qui l'a tué, un sceptique murmure :

— Sa mort s'est vengée de sa vie !

Et comme, après tout, cette ombre nouvelle, qui rejoint *l'ombre d'Éric*, ne laisse aucun souvenir irritant ; comme cet admirateur du pouvoir ne fit jamais de mal qu'au pouvoir ; comme il fut seulement l'ennemi de ses amis, on éteint l'épigramme sous la pitié, et l'on répète : — Pauvre Paulin Limayrac !

—

— M. Viennet est mort, dit un autre.

Cette fois, un vif désappointement s'échappe des poitrines... quel dommage ! On avait cru qu'il irait jusqu'à cent ans. On s'habituait si bien à sa longévité, qu'on oubliait qu'il était un immortel ! Le voilà mort, ce vieillard robuste, si jeune qu'il croyait à la libre-pensée ! Vicaire de Melpomène et pape de la franc-maçonnerie, très-spirituel et très-fin quand il s'agissait de rire des autres, il était tout juste assez infatué pour faire rire de lui, quand il ne faisait plus rire du prochain. Il vécut de ses ridicules autant que de ses mérites. On ne se souviendra pas de ses vers, excepté des plus mauvais ; on peut se souvenir toujours de sa belle humeur, de son humilité, de son urbanité.

— Vous verrez, disait-il à l'élection de M. Autran, que je mourrai pour laisser un fauteuil à Théophile Gautier, et que j'aurai cette chance d'être loué, après décès, par un romantique. acharné pendant ma vie à se moquer de moi.

S'il est vrai que les poëtes soient prophètes, M. Viennet fut poëte au moins une fois dans sa vie !

—

Voilà ce qu'on dit en achetant le *Figaro*, le *Petit Journal ;* et l'on jase comme si l'on était sur l'asphalte parisien. Un ancien préfet de 1830, qui regrette 1848, nous conduit au bureau de tabac, qui débite aussi la *Lanterne*, et, tandis que l'un de nous prise tout bas Rochefort, ce fonctionnaire d'une époque où l'on savait encore causer et raconter, nous raconte :

« — M. Viennet fatiguait Louis-Philippe de ses tête-à-tête ; il avait si bien contracté l'habitude d'attirer le roi dans une embrasure de fenêtre et de ne le laisser échapper qu'après une trop longue conversation, que le roi avait fini par dresser des piéges autour de lui pour se préserver. Un de ces piéges était la reine. — Débarrassez-moi de M. Viennet, — avait-il dit ; et l'excellente reine, ardente à satisfaire le moindre désir de son roi, accueillait M. Viennet d'un sourire, le retenait par une bonne parole, le charmait, l'enchaînait, et ne le rendait à la conversation générale que quand le roi ne pouvait plus courir aucun danger. Flatté d'abord, puis étonné, puis alarmé de l'insistance de cette bonne grâce, M. Viennet se sentit devenir fat ; mais, en même temps, son dévouement monarchique et sa loyauté d'ami se cabrèrent.

« Un soir, je ne sais plus quel familier du château qui a raconté la chose, le rencontra dans le parterre des Tuileries se promenant, soucieux, les bras croisés, comme un soldat d'Arbogaste qui médite une trahison :

— Qu'avez-vous donc, M. Viennet ? demanda le survenant.

— Hélas ! soupira le poëte trop tragique, en regardant la lune qui sourit au palais des rois comme elle sourit aux cabanes des pauvres, hélas ! je suis bien malheureux.

— Vous, qui avez tous les bonheurs ?

— Il y a des bonheurs accablants !

— Que signifie ?

— Cela signifie que, sans le vouloir, sans

l'avoir su, sans m'en douter, je suis en train de diviser le plus auguste ménage du royaume.

— Comment?

— La reine...

Il paraît que l'émotion et le respect firent achever, par une pantomime d'un désespoir expressif et grotesque, cette douloureuse confidence. Tout naturellement, Louis-Philippe et la reine furent informés au plus vite du remords dont M. Viennet pouvait mourir. Philémon et Baucis, dans la sérénité de leur vieil amour, sourirent et pardonnèrent à l'erreur de l'académicien; et le roi promit gaiement de se sacrifier pour préserver l'honneur de la reine.

— Depuis, continua l'ancien préfet, je ne pus jamais voir M. Viennet droit, raide, dressant sa tête rouge, comme s'il portait une crête, sans me rappeler cette soirée de plainte amoureuse sous le balcon des Tuileries. Je n'offense aucune mémoire en rappelant cette anecdote. Heureux les morts qui ne laissent que ces petits ridicules peser sur leurs tombeaux!

—

Et après ce récit, M. X... lut à haute voix la *Lanterne*.

Rien d'amusant comme l'embarras ou comme les fanfaronnades des fonctionnaires en vacances qui lisent le petit journal de Rochefort. Si le gouvernement s'imagine que ces publications-là sont faites exclusivement pour l'opposition, il se trompe bien. Des officiers généraux en villégiature, des magistrats qui anticipent sur leurs congés, des chefs de division qui sont loin des murs percés d'oreilles se délectent, comme au fruit défendu, à la lecture de ces feuilles imprégnées du sel parisien.

Tout au plus parfois trouvent-ils la sauce un peu forte; mais le poisson leur plaît.

— Cela rappelle le bon temps, dit un vieux renégat, en train de trahir sa trahison.

— Vous ne vous plaindrez plus : voilà la vraie liberté! dit un naïf.

— Cela fouette le sang, dit un goutteux.

Et l'on se communique ses impressions, et l'on discute sur telle ou telle partie; et l'on cherche à calculer la durée de ce succès de l'opinion; et ici, loin de toute coterie, de toute hypocrisie officielle, on se trouve bien vite d'accord pour reconnaître que le bon sens veut la liberté.

—

Ah! quels démocrates fait l'air des champs! combien de vestes blanches qui se fripent avec des allures de carmagnoles! La couverture de la *Lanterne* déteint un peu et reste aux doigts. — Bah! personne n'est là pour nous dénoncer! Avouons enfin que nous ne sommes pas si bêtes que nos fonctions nous en donnent l'air! Vous devriez bien, Ferragus, attaquer les règles d'avancement, dénoncer tel ou tel abus! Nous ne demanderions pas mieux que de penser tout haut comme vous! Ces journaux officiels, si plats dans leur satisfaction, si injurieux dans leurs attaques contre vous, nous répugnent aussi! On finit par s'entendre. Il faut convenir que l'heure présente est triste! qu'on fatigue les hommes sérieux, qu'on décourage la jeunesse, que l'on compromet l'avenir! Allez! faites de l'opposition! — nous en avons besoin!...

Et si je les écoutais, ces graves fonctionnaires en rupture de fonction, en ébriété de paroles libres, j'entonnerais la *Marseillaise!*

Voilà comme on quitte le volcan pour retrouver le souffle embrasé du cratère dans la brise qui passe sur les montagnes et sur la forêt; et voilà comment les plus entêtés conservateurs, par certains jours, à certaines heures, vont cueillir des coquelicots dans les blés!

—

Qu'est-ce que cela prouve? Que l'atmosphère de Paris se déplace avec les poumons; que Paris n'est pas un club isolé dans un grand village de soldats laboureurs; mais que cette vie intellectuelle, dont Paris est le foyer, pénètre, circule, rayonne, en dépit des obstacles, et en raison même des obstacles. On ne quitte pas la liberté; elle est l'ombre de tout homme qui marche au soleil; elle est dans l'appétit que l'on va gagner sur les monts; dans le vin que l'on verse à table; dans le verre que l'on choque. Voilà pourquoi, au lieu d'une idylle, je vous envoie une lettre bigarrée de souhaits patriotiques. Je viens de rencontrer des pêcheurs d'écrevisses, qui, dans un quart d'heure, m'ont démoli cinq ou six gouvernements. Quels orateurs! M. Rouher ne serait plus qu'un Darimon à côté d'eux! Mais aussi quelles écrevisses!

XXVI

AH! QU'ON EST FIER D'ÊTRE FRANÇAIS!...

29 juillet.

Il paraît que la France n'est plus assez riche pour payer sa gloire. Elle fait des économies sur le traitement de ses fonctionnaires.

Merci, mon Dieu! il était temps! Tous les journaux ont annoncé qu'afin de couper court aux criailleries d'une presse assez mal élevée, pour être radical, selon la définition de M. de Pène, on entrait dans la voie des réformes et que l'on commençait par supprimer la place de gardien de la colonne Vendôme.

Sans doute il vaudrait vieux diminuer les frais de l'éloquence patriotique de M. Rouher; on pourrait aussi obtenir des rabais considérables sur les dépenses de la censure, de la commission de colportage; les gens qui font ce métier-là n'ont pas le droit de se montrer exigeants. Mais enfin, toute chose a son commencement. On supprime le sacristain; on arrivera peut-être à réduire les marguilliers et les pontifes.

—

Depuis que la colonne Vendôme avait été rendue au culte, un fonctionnaire spécial était attaché à cet autel privilégié. Il veillait sur les couronnes d'immortelles que l'enthousiasme désintéressé de l'administration fait suspendre tous les ans, à la grille, dans la nuit du 5 mai, par des tapissiers médaillés de Sainte-Hélène; et quand des visiteurs ne se sentant pas suffisamment fiers d'être Français, en contemplant ce tuyau de bronze, manifestaient quelque dégoût de l'heure présente, le gardien, moyennant salaire, fournissait à ces désespérés leur dernier lumignon, en leur ouvrant l'escalier du suicide et de l'éternité.

—

On a pensé que les causes de malaise et de folie se multipliant à vue d'œil, il était peut-être prudent d'interdire ce saut de Leucate aux dégoûtés de la vie actuelle.

Désormais la colonne ne servira plus à rien. On mourra toujours; on se tuera comme par le passé, parce que le glas du découragement continue à tinter dans les consciences; mais on n'offrira plus, du moins de temps en temps, un cadavre en holocauste à la statue de Napoléon, maigre pitance pour le héros des grands champs de bataille, qui peut jeûner maintenant dans son éternité !

—

Défense est donc faite d'aller mourir là. C'est dommage ! parce que c'est là surtout qu'il était logique de mourir. Mais qui songe à la logique dans le temps où nous sommes ?

Depuis quelques jours surtout, je me demande avec effroi, si la raison, le bon sens, l'instinct du moins sont encore de ce monde. On a tant parlé d'aliénés au Corps législatif, où les cas d'insolation et de ramollissement ne sont pas absolument rares ; il fait si chaud d'ailleurs, que je tremble à la pensée d'un vertige universel. Les idées s'emmêlent ; les notions s'embrouillent ; et pour m'en tenir à deux ou trois symptômes effrayants, j'offre de parier que la reine Fatouma, malgré l'éducation éminemment française qu'elle a reçue, ne comprendrait absolument rien aux raisonnements de nos ministres, de leurs journalistes et de leurs fonctionnaires.

—

M. Duruy, par exemple, vient d'inventer une théorie qui aplatit singulièrement l'histoire, et qui nous condamne au crétinisme, si nous avons la prétention de mêler l'intelligence de la politique à la politique de l'intelligence. Je savais bien que nos hommes d'État n'étaient ni par vocation, ni par système, obligés d'être des hommes d'esprit ; mais je croyais à un semblant de pudeur qui ménageait l'idée, comme on ménage un ennemi respectable.

Désormais, toute illusion est impossible. La conscience du fonctionnaire préposé à la douane de la pensée, s'est échappée dans un cri.

Selon lui, aucun mouvement littéraire n'est compatible avec le mouvement de la vie sociale. Il faut se débarrasser des choses d'ici-bas pour s'intéresser aux choses idéales, et c'est parce qu'on fait trop de politique que l'on fait moins de littérature !

—

Je ne sais si M. Duruy a lu un seul de ses livres ; j'ignore si parce qu'il est ministre il se sent indigne et incapable de tenir une plume. Mais je sais qu'il faut compter étrangement sur l'abaissement intellectuel de son pays, pour émettre à la face du génie français, devant toute l'histoire de la civilisation, un pareil paradoxe.

Quoi, parce que vous avez peur de laisser parler les écrivains qui vous jugent, il faudra prononcer le divorce absolu, radical de la politique et de l'esprit littéraire ! Quoi ! dans un temps où chacun peut être appelé au maniement des affaires, les philosophes, les poëtes, les penseurs devront s'interdire de jeter les yeux sur le gâchis où la maladresse peut embourber l'intelligence de la nation?

—

Qu'est-ce donc que la politique? un secret? une franc-maçonnerie? un art spécial pour faire fortune dans le monde? N'est-ce pas la loi du progrès, incessamment discutée par tous, au profit de tous? Le moindre livre qui effleure une petite question, le moindre soupir d'amour, dans une mêlée d'égoïstes, a son action, son influence légitime sur le progrès.

M. Duruy a oublié les grandes époques littéraires, les mouvements d'esprit qui ont suivi ou précédé les mouvements politiques, ou plutôt il s'en souvient trop, et, s'imaginant que tout est pour le mieux, Pangloss jaloux de Josué, il voudrait immobiliser la terre sous le soleil impérial. Or, toute idée nouvelle peut déranger l'extase.

Je voudrais bien que M. le ministre de notre instruction prît la peine de nous prouver que les fortes œuvres de l'esprit humain, même les plus étrangères en apparence à la politique, ne sont pas des œuvres émues ou colorées par la politique. Est-ce que *Tartufe* est une pièce exclusivement littéraire, sans intention sociale! Est-ce que Racine s'isolait davantage? Je ne parle pas de *Télémaque*, et je n'abuserai pas de Beaumarchais : j'ai hâte d'arriver à un argument tout direct, tout personnel, pour lequel je défie les contradicteurs.

—

M. Duruy a répété plusieurs fois à la Chambre que s'il n'y avait plus de mouvements littéraires, et que si les salons qui donnaient autrefois l'élan à l'esprit, ont disparu, c'est que la politique a tout envahi, c'est que l'on se mêle trop des affaires sociales et des affaires du gouvernement.

Mais, monsieur, avant les dernières lois qui ont élargi les courroies de la pensée, avant les concessions qui ont permis à un air plus vif de traverser les poitrines, depuis la fin de 1851, est-ce que la France, fatiguée, épouvantée de la politique, ne s'est pas reposée endormie sur le sein du pouvoir? L'occasion était superbe, pour le mouvement littéraire, de se produire sans fatras social. Qui l'a provoqué? Où s'est-il montré? La politique était absente; la littérature du même coup s'est sentie dépaysée.

Quels salons se sont ouverts? Quel monde supérieur a donné la signal de la renaissance? Citez-nous une œuvre, moins que cela, un effort, une tentative de l'esprit, de l'art, dans cette période? Les journaux étaient rares, les réunions impossibles, les conférences difficiles; pourquoi donc la littérature n'a-t-elle pas profité de ce calme absolu pour gambader? C'est que précisément le calme était trop plat, et que cette platitude terrassait l'esprit.

Ni les encouragements aux faiseurs de cantates, ni les décorations que la Société des gens de lettres expie, n'ont déterminé un souffle, une brise de l'esprit. Les salons officiels avaient leurs danseurs; pas un n'eut un poëte. On a inventé des façons de cotillons, des clubs de patineurs, des modes extravagantes; citez-moi un livre! une pièce! une page qu'on ait essayé de produire!

L'esprit était si bien exilé, que le jour où le besoin d'un peu de poésie s'est fait sentir, c'est à l'exil qu'on a demandé l'encouragement, la bonne parole; et V. Hugo, dédaigneux, a rendu sa pièce en refusant de se rendre lui-même.

—

Voilà la vérité. Il n'y a pas de littérature sans une certaine intensité de la vie sociale; et si l'esprit s'agite aujourd'hui, c'est que l'horizon est devenu moins étroit; ne le resserrez pas! Quoi! parce qu'un conférencier spirituel prendra texte d'une fable de Lafontaine sur le cheval et le cerf, pour une épigramme contre le gouvernement, il faudra attenter à la liberté des conférences? Quel abîme ouvrirait donc cette malice?

Tous les jours, d'honnêtes gens qui ne sont pas ministres et qui n'ont ni flatteurs, ni courtisans, ni vengeurs, sont insultés dans des feuilles stupides; est-ce qu'ils s'en portent moins bien pour cela? est-ce que vous songez à réclamer pour eux le bénéfice de la loi qui empêche d'exciter à la haine et au mépris des citoyens? S'il plaît à un vaurien de me traiter de voleur, en serai-je moins fier de ma probité? Je n'irai pas vous chercher et vous ne m'offrirez pas votre caution; vous me laisserez bafouer, en m'abandonnant la faculté de me venger moi-même.

Pourquoi auriez-vous un privilége refusé aux autres citoyens? Avez-vous moins de force dans la conscience et moins d'assurance dans votre force?

—

Non, ces arguments de la pusillanimité sont les chauves-souris de cerveaux remplis de ténèbres. La lumière égale pour tous, la liberté pour les grands et les petits, le droit d'intéresser l'art et la littérature aux choses de la vie, puisque l'art et la littérature sont faits pour aider la vie : voilà ce que la nature indique; voilà ce qui n'est pas niable, dans une époque de sens commun.

Il est aussi étrange de faire des écrivains des simples ménétriers de la phrase, que de prétendre exclure les principes au nom de la bonne éducation.

C'est un journaliste pourtant qui a émis cette dernière théorie. Toutes les opinions radicales, selon lui, sont des opinions que repousse le savoir-vivre. Il est juste alors que le contraire, c'est-à-dire que le doute, le scepticisme, l'indifférence ou la versatilité soient les produits de la délicatesse ou de la perfection des manières.

—

Voilà ce qui se dit en pleine tribune, voilà ce qui s'imprime en plein journal, et l'on s'étonne que les médecins ne se reconnaissent plus entre les fous et les ambitieux! Est-il plus opposé à la morale de mettre à Charenton un homme qui a demandé soixante fois la croix d'honneur, que de laisser en exercice des fonctionnaires qui ont peur d'une fable de la Fontaine, et qui érigent en génie littéraire l'incapacité politique?

Nous sommes bien loin de Napoléon, regrettant de n'avoir pas Corneille pour premier ministre! Après tout, M. Duruy eût peut-être obtenu tout de même un portefeuille sous le premier Empire. La logique n'est pas, comme la colonne Vendôme, un monument de la gloire impériale.

XXVII

LES ABOYEURS

27 juillet.

Figaro a le droit de répéter à son tour ce que disait Basile : — Qui trompe-t-on ici ? — Car il se joue depuis quelques semaines, au profit des gens sans conscience, sans talent et sans métier, une comédie ignoble dont on voudrait faire payer les frais aux écrivains de conscience et de talent.

Ce piége, bête et odieux du pamphlet, du libelle, de la provocation à l'insulte et à l'assassinat, nous l'avons vu tendre, nous avons annoncé tous qu'on le tendrait sous nos pas; et nous avons laissé faire, et on l'a tendu, et voici que le chœur discordant de tous les ennemis des libertés publiques se lève pour réclamer la compression, la défiance, la force contre un déchaînement de passions, qui n'est que l'orgie stipendiée par ces mêmes ennemis.

— Voilà pourtant où nous mène la liberté! disent-ils. Le pouvoir a-t-il compris enfin son erreur? Les plumes qu'on aiguise font aiguiser les poignards! — Et depuis M. Duruy jusqu'au plus obscur des journalistes subventionnés, c'est une clameur continuelle.

Il faudrait s'indigner de cette manœuvre si elle était nouvelle, et la craindre si elle ne se tournait pas toujours contre ceux qui l'emploient. Les pouvoirs trop faibles pour se passer de la force laissent avilir la liberté, afin de n'avoir pas à compter avec elle! mais un jour vient où la liberté, invoquée trop tard, n'a plus de prestige à rendre à ceux qui l'ont déshonorée. On veut la prendre pour arbitre, pour intermédiaire entre les diverses classes; et elle reste du côté du peuple, pour se venger des bourgeois qui ne l'ont pas défendue et du pouvoir qui ne l'a pas respectée.

—

Rien ne me semble donc à la fois plus inepte et plus sinistre que ces ricanements qui encouragent la licence des libellistes conservateurs, et qui provoquent la guerre civile des pamphlets entre les citoyens, afin d'obtenir l'inattention et la paix autour des fonctionnaires.

—

Pour ma part, je proteste contre ce paravent

taché de boue, derrière lequel essayent de se débarbouiller les hommes que la critique atteindra un jour; et je demande au pouvoir s'il est bien certain de n'avoir pas sa part de responsabilité dans ce charivari du ruisseau ?

Je ferai remarquer d'abord que tous ces aboyeurs sont dévoués à la dynastie, quand ils ne sont pas dévoués à la police; et sans prétendre que l'on caresse effectivement ces agents volontaires de désordres, j'assure que l'impunité dont ils jouissent est une sorte de privilége.

Entendons-nous bien! Je ne réclame ni rigueurs, ni jugements, contre ces fruits-secs de la considération, qui veulent du bruit pour se passer de l'estime. Mais enfin, n'y a-t-il pas une apparente inégalité qui choque les autres et qui me fait sourire, quand je vois le pouvoir si chatouilleux à l'endroit des citoyens fonctionnaires, et si indifférent quand il s'agit des citoyens qui ne sont que citoyens?

Si j'adresse une pétition au Sénat pour demander que tout homme notoirement célèbre par ses apostasies ne soit plus admis à prêter un troisième ou quatrième serment qu'il trahira, on déchire ma pétition; on m'accuse d'être un factieux; on m'attaque; on me flétrit sans que j'obtienne une seule satisfaction.

Si je m'en prends à M. Duruy, qui fait calomnier l'histoire, la littérature, l'esprit de son temps; et si, dans la chaleur de mon indignation, je traite M. le ministre un peu moins mal qu'un pétitionnaire n'est traité au Sénat, j'aurai un gros procès, je serai poursuivi, comme provoquant à la haine et au mépris des citoyens.

Mais nous autres, est-ce que nous ne sommes pas aussi des citoyens? Si j'effleure votre vanité, monsieur le ministre, je suis frappé, et l'on pourra impunément se ruer sur mon honneur, sur ma vie privée, sur mon foyer domestique, sans que la prévoyance ministérielle, qui se prétend la prévoyance sociale, se croie autorisée à intervenir! On ne défend pas d'office la réputation des citoyens; on ne défend d'office que l'orgueil des fonctionnaires.

———

Encore une fois, pour ma part, j'accepte et je veux cette différence. Il me plaît de me tenir isolé dans mon honneur, fort de ma conscience, tranquille dans ma foi, sans avoir à subir une protection qui m'offenserait plus peut-être que les injures. Mais le public, qui voit la susceptibilité incroyable du pouvoir pour lui-même, la compare à cette indifférence, quand il s'agit du public, et trouve dans ce stoïcisme un encouragement à l'insulte. Il a tort; toutefois c'est une idée fausse qui naît justement de la partialité des fonctionnaires pour eux seuls.

———

Pourquoi donc ce privilége? La morale subirait-elle une atteinte plus considérable si je démontrais que M. Duruy est un mauvais ministre, que si j'avilissais par mes calomnies les journalistes mes confrères, les hommes qui ont une influence permanente sur l'opinion? La liberté de l'insulte, comme la liberté de l'éloge, doit être égale pour tous. Un fonctionnaire peut mieux encore qu'un simple citoyen se défendre par ses actes, et se passer de la caution des gendarmes.

—

Ainsi les aboyeurs ont un avantage, quand ils s'attaquent à de simples Français. De là une prime indirecte. D'ailleurs c'est toujours au nom du ciel, c'est-à-dire au nom des intérêts de la morale, de l'autorité, des principes sauveurs, que ces petites et grosses infamies se commettent. Le poignard de Tartufe est toujours béni. On n'a jamais entendu un calomniateur s'exercer au nom de la calomnie.

Pendant une quinzaine, tous les écrivains indépendants étaient des voleurs et des escrocs; depuis quelques jours, ils montent en grade et deviennent des assassins. On va piquer sur l'orgue de barbarie, qui doit moudre le même air jusqu'aux élections, un chœur d'imprécations contre les régicides; des libelles obscurs, des paroles imprudentes, des faits malheureux deviennent le prétexte de ce déchaînement contre le parti des assassins, qui se trouve, en attendant, le parti des assassinés!

—

Tout cela est misérable, odieux; tout cela doit faire hausser les épaules; mais tout cela devrait aussi établir fortement la solidarité des écrivains, et amener enfin cette franc-maçonnerie des honnêtes gens, à côté de laquelle les violences d'en haut et les insultes d'en bas paraîtraient bientôt aussi niaises qu'elles seraient impuissantes.

Il faut démasquer le parti de ceux qui pratiquent l'axiome de je ne sais plus quel polémiste :—

— Il n'y a pas moyen de donner de bonnes raisons à cet homme-là, j'aime mieux lui dire des sottises.

Mais surtout ce qu'il faut répéter à satiété, parce que cela est la vérité la plus vraie, la plus salutaire, la vérité qui moralisera l'avenir, c'est que la mode des injures ne vient pas de ceux qui les subissent aujourd'hui; et que la licence effrénée des aboyeurs n'est pas une conséquence de la liberté.

—

Non, le petit journal, devenu grand, qui, dans les heures difficiles, sous le réseau de lois restrictives, à ses risques et périls, a pu faire entendre parfois de bonnes et audacieuses vérités;

le journal qui s'est ouvert aux hommes d'opinion radicale, et qui, pratiquant la liberté, quand tant de journaux de coterie se bornaient à la réclamer, n'a jamais exigé d'un collaborateur de cacher son drapeau, sa cocarde; ce journal-là, le seul qui n'ait jamais émondé ma plume, déformé ma pensée, est peut-être, plus que bien d'autres, responsable des concessions obtenues, mais n'a pas plus que d'autres sa part dans les excès.

—

Toute œuvre humaine, capricieuse, légère, a ses torts. Mais ceux qui reprochent à la petite presse, pour s'en servir aujourd'hui contre elle, l'abus des cancans, des révélations, des personnalités, oublient trop que nous sortons d'un long régime, pendant lequel les cancans seuls étaient tolérés, les personnalités permises et les révélations encouragées.

Ce défaut, moins grand qu'on ne le suppose, qui donc l'a développé, sinon le système qui interdisait toute discussion d'idées, tout appétit politique, qui par la censure abaissait le théâtre au niveau de *Peau d'Ane*, par le colportage donnait la préférence aux livres bêtes sur les livres de la libre-pensée? Hier encore, M. Duruy n'a-t-il pas souhaité que les écrivains abandonnassent la politique, pour s'en tenir à ce qu'on appelle la littérature?

Ce scandale de l'anecdote, de la chronique, de la personnalité est précisément un des griefs que je garde contre ce passé... qui n'est pas tout à fait passé. Je lui en veux d'avoir humilié l'écrivain, je lui en veux d'avoir abaissé la profession la plus noble au niveau des faiseurs de parade; et parce qu'aujourd'hui plus libres, rendus tant bien que mal à l'inspiration des nos consciences, à l'ambition de notre cœur, à l'amour des idées, nous laissons aux mercenaires du pouvoir ce souci des curiosités malsaines, on nous accuse de les avoir suscitées? Accusation doublement perfide, parce qu'elle est une injustice flagrante, et parce qu'elle tend à nous ramener, à l'aide du dépit, aux excès qu'elle nous reproche.

—

Les aboyeurs d'aujourd'hui sont les impuissants de la veille et du lendemain qui, le jour d'une aurore, n'ont rien à saluer; qui, le jour d'une levée des esprits n'ont rien à réclamer; rampants et gluants, ils font leur tapage dans la boue, parce qu'ils ne peuvent rester muets, quand tant de voix fières parlent si haut. Incapables de servir des principes, ils essaient de servir des intérêts, et, ne pouvant se faire les champions d'une espérance nouvelle, ils se font les spadassins des rancunes, spadassins volontaires! car l'infamie a aussi son point d'honneur.

Laissons-les crier. Mais que ces calomniateurs ne servent pas à calomnier le droit et la justice ! Ne permettons pas qu'on dise qu'ils sont le produit de quelques réformes concédées, et que leur industrie est le résultat équivoque de la liberté.

Non, il n'y a de licence que dans les pays incomplétement libres. Le despotisme du ruisseau, quand il n'est pas le complice d'un autre despotisme, lui sert, au besoin, de prétexte. La liberté met tout en lumière et tout en équilibre, et elle contraint, par intérêt même, les âmes à une moralité réciproque, incompatible avec ces infâmes guet-apens !

XXVIII

LA CROIX DE MES CONFRÈRES

30 juillet.

Un homme d'esprit qui s'est retiré de l'esprit pour devenir fonctionnaire, M. Albéric Second, vient de publier un article que ses amis, les amis du pouvoir, trouvent étincelant, sur *les rengaîneurs et les rengaînes*.

Les *rengaîneurs* sont ceux qui pensent qu'on peut être un honnête homme et un écrivain de mérite, sans porter un ruban rouge à sa boutonnière ; et les *rengaînes* sont les scrupules des ambitieux délicats qui veulent recevoir une récompense, sans l'avoir mendiée.

—

M. Albéric Second, avec l'autorité d'un homme décoré, affirme qu'on n'a pas besoin d'avoir fait grand' chose pour recevoir la croix.

Je m'en doutais. Mais encore est-on obligé à un travail de solliciteur, à une demande, à une visite, à une démarche directe ou indirecte? On respecte, ajoute-t-il, le libre arbitre, l'opinion, la conscience.

Je voudrais savoir s'il est jamais venu à l'esprit d'un ministre de se dire : — Voilà un homme qui, depuis vingt ans, lutte contre nous avec talent, avec courage, avec honneur; qui a sacrifié à ses convictions tous les biens dont nous sommes la source; qui a souffert les procès, la ruine, l'exil, et qui, sans jamais céder un pouce de terrain, est resté intrépide sur la brèche.

Cet homme-là, notre adversaire, honore les lettres par sa dignité : honorons-nous en lui rendant un hommage qui prouve notre force. Récompensons le libre arbitre, la religion fidèle, l'opinion sincère, la conscience intrépide. Il refusera peut-être la croix; il la renverra ! tant pis pour lui. Nous aurons eu le bon goût de saluer un adversaire, qui se donnera le tort de nous répondre par un mauvais procédé.

—

Un ministre, même celui qui se dit libéral, M. Duruy, a-t-il jamais fait cela, tenté ou rêvé seulement de le faire? Non. Alors si on ne donne la croix qu'à ses amis, on récompense donc. non pas seulement le mérite, mais aussi le servage? Nul ne sera un homme de génie, un artiste de valeur, s'il n'est en même temps un ami du pouvoir?

Je sais bien que je me rends coupable d'une *rengaîne* en parlant ainsi; mais je défie M. Albéric Second, tout homme d'esprit qu'il soit resté, d'y répondre par cette autre rengaîne: — Ils sont trop verts! c'est parce qu'on ne pense pas à vous que vous attaquez les décorés!

Non, mon cher confrère. Il y a des gens, et j'ai l'orgueil d'être de ceux-là, qui, par principe, ont cousu leur boutonnière, et qui ne la découdront *jamais*. De bonne foi, tout Ferragus, entêté et endiablé que je suis, croyez-vous que si je baissais les yeux en rougissant et en souriant devant un *ministère*, on ne profiterait pas de mon émotion pour faire rougir à son tour ma boutonnière? les gens de notre profession qui sont décorés ont voulu l'être; ceux à qui cet honneur n'est pas échu ont été négligents, indolents, ou sont trop jeunes, ou bien sont des ennemis systématiques du ruban.

—

Je suis de ceux-là, je le répète. Je n'aurai pas le mauvais goût de reproduire ici la théorie exprimée souvent sur les *hochets de la vanité*. Je ne ferai même pas remarquer que plus on s'élève dans l'échelle des gouvernements véritablement libéraux, plus la mode des décorations diminue, pour disparaître tout à fait dans le pays de l'égalité et de la liberté absolues.

J'admettrai même l'excellence des distinctions pour les militaires, les avocats, les médecins, les gardes nationaux. Tout mérite qui ne ressort pas d'une façon éclatante de la profession a peut-être besoin d'être signalé, mis en lumière.

Mais, pour les gens de lettres, le ruban rouge fait-il qu'ils deviennent célèbres par brevet, s'ils sont obscurs par vocation ? Quand on étalerait toutes les plaques, toute l'argenterie du monde sur la poitrine d'un manœuvre de lettres, ajouterait-on une lueur à sa pensée, un charme à ses livres, une émotion à sa rhétorique, un rayon à sa gloire ?

Le docteur Véron portait plus de reliques à lui seul que quatre académiciens, — M. Véron en fut-il davantage un écrivain, ou homme d'État ? et d'autre part M. Berryer se trouve-t-il amoindri d'être vierge de décoration ? Qui s'occupe de savoir ce qu'il y a de croix dans les tiroirs de Lamartine, de plaques ou de cordons dans ceux de Victor Hugo ! Ces hommes-là sont plus sombres d'aspect que M. Jubinal, les jours de cérémonie ; et ils mettent précisément leur coquetterie à ne rien attacher à leur boutonnière ; ils ont la pudeur de leur gloire, le respect de leur intelligence.

Mais tout homme n'a pas le génie : c'est vrai.

Tout écrivain doit avoir au moins l'ambition de se faire connaître, et étant connu, de se faire estimer. Voilà nos galons, nos honneurs à nous autres! On nous salue pour ce que nous valons, et non pas pour ce que nous faisons briller à notre boutonnière. Tant pis pour les fruits-secs! s'ils n'ont pas de titres, c'est qu'ils n'ont pas de droits; et la faveur ministérielle les accable, les affuble de la livrée de la médiocrité, au lieu de les en dépouiller.

Je ne comprends pas, je l'avoue, l'audace de certains écrivains se pavanant avec des cordons devant nos sourires. Ils doivent penser pourtant qu'ils ne trompent que les gens auxquels ils sont étrangers. La belle affaire pour leur conscience littéraire d'être salués comme des diplomates, si on se moque d'eux, quand on découvre que ce sont des écrivains!

Cervantès dit quelque part : « Les blessures sont des étoiles qui guident les braves au ciel de l'honneur! » Que nos œuvres, chaudes de notre sang, écrites pour servir la justice et la vérité, soient pour nous ces étoiles, ces blessures; elle nous suffiront.

On ne se souvient plus des chamarrures de l'habit brodé de M. le vicomte de Chateaubriand; mais on se souvient qu'un jour il écrivit *Réné;* qu'il exhala un sanglot dont le siècle entier a retenti, qu'il improvisa des articles de journaux, des pamphlets éloquents ; et l'admiration s'en tient à ces plaies de son cœur et de son patriotisme.

—

La *rengaîne*, c'est de vouloir que tout homme de lettres supérieur soit décoré ; et les *rengaîneurs* sont ceux qui s'imaginent que l'antichambre d'un ministre est l'antichambre de la postérité. J'ignore combien d'entre nous franchiront le seuil de la gloire ; mais si nous devons tous rester en deçà, à quoi bon ajouter à cette déconvenue pour notre effort la déception d'un piédestal et d'une auréole inutiles de notre vivant ?

—

Il n'est pas si difficile que messieurs les chevaliers le croient de vivre comme a vécu Béranger ; je ne veux pas même de la fleur des champs systématique, car elle devient une prétention. Faisons notre tâche ; vivons notre vie. On est toujours un assez grand homme pour sa famille et, quoi qu'on fasse, on est toujours trop inconnu pour la foule, sans qu'il soit besoin de risquer sa fierté dans une ambition de décor qui n'empêche pas de siffler la pièce, ou qui ne la fait pas applaudir davantage.

M. Albéric Second traite de Basiles ceux qui prétendent que, pour avoir la croix, il faut la demander. Basile, c'est bientôt dit; on calomnie le pouvoir Bartholo, et les Almavivas de la Légion d'honneur qui n'ont eu qu'à passer dans la rue pour épouser la Rosine et la rosette! Mais prouvez donc la calomnie! Que celui qui n'a jamais signé une demande, fait une démarche, autorisé une visite, se lève et proteste! Il n'est pas nécessaire, dites-vous, d'abjurer sa foi? Je le crois, parbleu bien, puisqu'on ne décore que les gens de la même église.

—

Je crois donc, en bonne conscience, que la *rengaîne* est du côté des décorés. Ce sont les *rengaîneurs* qui veulent que tout écrivain de mérite demande ou reçoive la croix. L'originalité, la fierté, consiste à répudier ces superfétations mondaines. L'homme indépendant, sûr de sa renommée, ou résigné à n'être qu'un soldat de la grande armée des lettres, ne gâte pas sa gloire en la faisant ruolzer par la Légion d'honneur, ou ne se venge pas de l'insuccès de ses œuvres par des succès d'antichambre. Il a, dans sa vie habituelle, assez d'esprit pour n'avoir pas besoin d'en avoir exceptionnellement un jour, et pour ne pas être exposé à imiter ce bon M. Jubinal qui, paraissant à l'improviste dans un banquet de gens de lettres, alla chercher une feuille de vigne et en couvrit pudiquement ses décorations.

Voilà le 16 août qui nous menace. La Société des gens de lettres répondra dignement au soufflet qu'elle a reçu de M. Duruy, en pleine tribune, en ne demandant, pour aucun de ses membres, une faveur équivoque, que le ministre infidèle à sa profession serait heureux de lui accorder.

Ou bien, si la manie, la mode, la *rengaîne* des décorations est tellement invétérée qu'on ne puisse la guérir que par violence, je souhaite qu'il vienne un jour où l'autorité, infatuée des honneurs qu'elle croit décerner, enjoigne à tout individu très-décoré de porter toujours et constamment toutes ses décorations. Ce jour-là, quand on verrait précisément les fruits-secs de la littérature, les décavés de l'imagination, chamarrés de cordons, baissant l'oreille sous leurs reliques et exhibant toute une devanture de plaques et de diamants, à côté des hommes illustres, sans décors et sans enseignes, un rire superbe vengerait la virginité des boutonnières et des consciences; et c'est alors que les hommes d'esprit, comme M. Albéric Second, rengaîneraient leur joli dédain pour ceux qui veulent être plus estimés que décorés.

XXIX

A SON EXCELLENCE M. PINARD

Ministre de l'Intérieur.

10 août.

Monsieur,

Je crois que l'opinion publique, en général, et l'opinion des honnêtes gens qui tiennent une plume, en particulier, réclament votre avis sur les violences commises dans certains pamphlets, fort respectueux pour le pouvoir.

Nous avons déjà, à quelques centimes près, l'avis des tribunaux. Il ne nous suffit pas; et, puisque l'honneur des citoyens, leurs jours mêmes, se trouvent menacés par ces parasites de l'égout, vous, qui veillez à la sûreté de l'intérieur et qui, par d'ingénieuses circulaires, fixez la conscience de MM. les préfets en matière de liberté, vous devez avoir un mot à dire pour rassurer les bons, pour faire trembler les méchants et pour dégager l'autorité de toute solidarité lointaine et involontaire avec ces calomniateurs... orthodoxes.

—

Je me hâte de le dire, Monsieur le ministre, je ne suppose pas que ces malheureux émargent aux fonds secrets. Leurs protestations furibondes de dévouement envers l'Empire, ses institutions et sa dynastie ne sont qu'un prétexte et une sauvegarde. Ils vous salissent de leur sympathie pour arriver à nous salir plus efficacement de leurs injures ; mais je ne crois pas que vous leur ayez donné mission de vous compromettre à ce point-là.

A quoi bon une police qui se trahirait par l'odeur et par l'aspect? Il vous faut des mouchards plus ingénieux, des agents plus subtils. Non. C'est uniquement par vocation, et ce n'est pas par ordre qu'ils écrivent ainsi. Je l'affirme. Affirmez-le à votre tour, Monsieur le ministre, il en est temps! car ils viennent de vous faire impudemment leur complice.

—

L'*Inflexible*, ne trouvant plus d'imprimeur en France, a été en chercher un en Belgique; et c'est à travers la frontière que vous surveillez, c'est avec l'autorisation du ministère de l'intérieur que passent et que circulent désormais ces turpitudes.

Il y a là un fait grave sur lequel j'ose demander une explication, fût-elle sous la forme d'un *Communiqué*.

Je ne vous dissimulerai pas que je suis personnellement intéressé dans la question, et que le dernier numéro de l'*Inflexible* me fait l'honneur de me traiter comme Rochefort.

On m'avait oublié parmi les *Impurs du Figaro;* mais je n'ai rien perdu pour attendre. *Forçat, repris de justice, escroc,* voilà les aménités dont on me gratifie. On déclare, en remplaçant, il est vrai, les termes par des points, que j'ai été condamné la semaine dernière, au moins deux fois. On oublie de dire devant quel tribunal. Du reste, *type d'envie, de jalousie et de bassesse,* j'ai fait *chanter,* tantôt les hommes politiques, tantôt les comédiennes de certains théâtres.

———

Je ne viens pas vous demander, Monsieur le ministre, de publier mon dossier, de me servir de caution. Vous ne défendez que les fonctionnaires; et ce serait un acte exorbitant que d'intervenir, par un communiqué, pour empêcher un simple citoyen d'être égorgé. Non, j'ai de plus sûrs et de plus fiers défenseurs : ma vie, mon travail, mes amis! je m'y tiens! Je ne crois pas que je me décide à demander un franc ou trois mille francs de dommages-intérêts pour un tort qu'on ne m'a pas fait et qu'on ne me fera pas.

Loin de cacher aux miens ces vilenies imprimées, j'ai pris plaisir à les leur montrer. — Voilà, leur ai-je dit, ce qu'on gagne à servir la justice et la liberté ! voilà le profit de l'honneur!

Et je me suis suis senti bien orgueilleux d'endurer tant de choses pour ma probité; car vous avouerez, Monsieur le ministre, que si je me vendais un peu, ou que si je cédais faiblement au pouvoir, je deviendrais tout aussitôt inviolable aux yeux des pamphlétaires... orthodoxes. Je perdrais l'estime des miens et je gagnerais le respect des vôtres. Je préfère garder les injures.

Mais si je dégage ma personnalité de ma réclamation, celle-ci n'en subsiste pas moins, et je vous demande hautement, formellement, vous priant de me répondre avec toute la clarté possible, comment il se fait, Monsieur le ministre, qu'un journal honteux, qui traite des questions politiques sans être timbré, qui injurie avec l'espoir d'échapper aux tribunaux français, jouisse d'une liberté de circulation que vous refusez à des feuilles honorables, sérieuses, mais incapables de vous plaire?

—

Toutes les fois que l'*Indépendance belge* se souvient trop de son double titre, ou toutes les fois qu'il lui arrive de mentionner le nom d'un prince d'Orléans, elle est arrêtée ; on redoute la propagande des idées subversives et l'émotion des souvenirs. C'est un délit d'introduire l'*Étoile belge*, et c'est presque un crime de porter sur soi les *Châtiments*, de Victor Hugo.

Vous ne pouvez donc pas invoquer, en faveur de l'*Inflexible*, l'inflexibilité de vos principes en matière de liberté? C'est donc bel et bien, Monsieur le ministre, un privilége accordé à la diffamation, à la calomnie, à la haine et au mépris des citoyens, que cette tolérance pour une feuille émigrée qui viole les lois et brave la justice!

—

J'ai dit que je n'établissais aucune solidarité entre le pouvoir et ces enragés. Mais il faudrait être aussi respectueux que moi pour vous-même, et ne pas faire en apparence ce qui répugne à ma loyauté. Vous vous liez à ces gens, en leur accordant une estampille que vous nous refusez.

Je sais bien qu'ils vont crier à la dénonciation; ce n'est pas eux, c'est vous, Monsieur le ministre, que je dénonce à vous-même. Pourquoi proscrire l'éloquence, le talent, le génie, la conscience, et laisser passer la turpitude et la stupidité? Qu'il n'y ait plus de frontières pour l'idée! soit; en même temps que les *bravi*, il nous viendra de là-bas des défenseurs et des amis. Nous pardonnerons à l'invective, en faveur de l'enthousiasme.

Mais puisque la frontière est debout, puisque à la douane on fouille encore les paquets pour saisir, pour poursuivre une simple page signée d'un nom illustre; en vertu de quel principe moral donnez-vous un passeport aux calomniateurs des citoyens, pour ne proscrire que les prétendus diffamateurs du pouvoir ?

L'égalité de la répression ou la liberté pour tous. Voilà le dilemme. Soyez assez bon, Monsieur le ministre, pour nous faire savoir vos idées à cet égard.

Si, après en avoir pris connaissance au ministère de l'intérieur, vous laissez vendre, circuler l'*Inflexible*, vous en devenez responsable, et je vous avoue, Monsieur le ministre, qu'il y aurait plus d'honneur et moins de péril pour le pouvoir à laisser entrer et vendre publiquement les *Châtiments* et même *Napoléon le Petit*.

En essayant de nous déshonorer par privilége, ces feuilles immondes nous blessent moins que vous; elles nous créent des amis ardents; elles vous suscitent de nombreux ennemis. Je ne suis donc pas le plus à plaindre; et c'est surtout pour le profit de la logique que j'ai pris la liberté de vous interroger.

XXX

CIRCULAIRE AUX JOURNALISTES, POUR LA CÉLÉBRATION DE LA FÊTE DU 15 AOUT

13 août.

Messieurs et chers confrères, tous les ans, à la veille du 15 août, M. le ministre de l'intérieur croit devoir réveiller, par une circulaire, la ferveur dynastique un peu endormie des préfets et des autres fonctionnaires; de son côté, M. le garde des sceaux invite, par un morceau d'éloquence de même portée, messieurs les membres du clergé à la dévotion, comme si l'on doutait de la foi avec laquelle on va chanter le *Te Deum!*

J'ai pensé que les journalistes avaient grand besoin, eux surtout, d'être stimulés dans leur sentiment bonapartiste et dans leur croyance à l'efficacité des *Te Deum;* et je me suis permis cette petite circulaire amicale et confraternelle sur les devoirs que nous avons à remplir dans ce jour bienheureux, qui est l'Assomption de la Vierge et la transfiguration des médaillés de Sainte-Hélène.

—

Pourquoi a-t-on choisi le 15 août pour le culte d'un saint qui n'a jamais été canonisé qu'en Corse? Est-ce parce qu'on a conté que la chaleur des dévouements bénéficierait de la chaleur de la température, et que l'énervement causé par les derniers jours caniculaires passerait pour l'effusion et pour l'extase des cœurs napoléoniens? Est-ce pour faire expier pendant la fête de la Vierge, c'est-à-dire pendant le triomphe de l'idée pure, les violences commises par Napoléon Ier contre l'idée? Est-ce pour supplanter définitivement la légitimité qui avait placé ce jour-là la célébration du vœu de Louis XIII, devenu, depuis, le vœu de Louis XV?

—

Je sais bien que c'est le jour de la naissance de Napoléon Ier. Mais cette raison est-elle suffisante? Je n'ai pas le temps d'approfondir cette question historique. Il n'en est pas moins vra que la fête de celui qui fit pleurer si souvent les mères, et qui leur arracha tant de fois leurs fils, est bien placée le jour de l'Assomption d'une mère de douleur dont le fils fut crucifié.

—

Pénétrez-vous de cette idée, mes chers confrères, et si vous n'avez pas perdu dans notre aimable profession l'habitude des prières, priez pour que la saint Napoléon ne porte plus malheur aux mères de famille, aux enfants nécessaires, et pour que la guerre, ce fléau périodique des gouvernements fondés sur la paix, ne vienne plus décimer nos populations!

Ce mois d'août est un mois plein d'enseignements. Toute l'histoire moderne s'y trouve, pour ainsi dire, résumée, et l'on ferait bien peut-être de choisir la première quinzaine de ce mois mémorable, pour la dévotion perpétuelle des fils de la Révolution.

—

C'est dans la nuit du 4 août que la vieille société s'immola elle-même, par un élan magnanime qu'on ne retrouvera plus jamais. Cette nuit-là, la brise qui précédait la liberté souleva tous les cœurs; aucun grand orateur ne se fit entendre; les faits eux-mêmes manifestèrent leur éloquence. Ce fut sublime. Louis XVI y gagna une auréole qu'il n'avait pas cherchée; on l'appela le *restaurateur de la liberté française*.

Il est vrai que le 10 août, trois ans après, on destitua Louis XVI, et que la royauté sombra dans le mois qui avait vu sombrer la féodalité.

Mais en 1830, le 7 août, on bâcla une charte qui devait être la meilleure des républiques et qui ne fut que le menu des appétits républicains.

Le 15 août clôt la période monumentale de ce mois d'Auguste, qui sert à fêter aujourd'hui les empereurs, et qui, à Rome, au jour des Ides, était la fête des esclaves et des servantes.

Choisissons donc, mes chers confrères, parmi les divers épisodes de ce mois héroïque, la circonstance qui correspond le mieux à nos sentiments intimes: et de cette façon on nous verra nous associer, avec une décence voisine de la ferveur, au *Te Deum* qui rappellera pour celui-ci le 4 août, pour celui-là la fin de la royauté, pour d'autres la charte de la liberté.

C'est ainsi que les pauvres en mordant leur pain sec savourent en rêve le miel absent, et se consolent par le souvenir ou par l'espérance!

Ce jour-là, chacun pensera avec résignation à la croix qu'il porte, et ne songera pas à en recevoir une autre pour sa boutonnière. La mode des distinctions tend à s'affaiblir, sinon à disparaître tout à fait, pour les écrivains; mais vous pardonnerez, mes chers confrères, à ceux d'entre nous qui auraient encore succombé à la tentation. Il y a des habitudes invétérées dont on ne sort que par un élan révolutionnaire; et il paraît que nous n'aurons plus jamais de révolution.

———

Le *Te Deum*, que l'on recommande tout particulièrement aux fonctionnaires, aux gardes nationaux et au clergé, n'est qu'une façon de symboliser les vœux que toute âme patriotique doit formuler pour le bonheur de la France et la santé du prochain. Car vous ne croyez guère plus que moi, mes chers confrères, à l'efficacité de cette prière solennelle qui a servi pour toutes les dynasties tombées et qui n'a jamais préservé personne.

Mais il y a toujours au fond des consciences un autel pour s'y recueillir, et une ouverture sur l'infini pour s'y élancer. Faites votre petite cérémonie intérieure, invoquez le Dieu, l'Être suprême, la raison que vous voudrez; et demandez qu'on nous délivre des censeurs, des insulteurs et des farceurs!

Le mal de notre époque, c'est la peur du mal, qui entretient toutes sortes de précautions, de superstitions corruptrices; c'est l'appétit du servilisme qui nous fait chercher partout des lisières; c'est le besoin de mépriser, avec l'impuissance de haïr, et c'est par dessus tout cela un désir effréné de moquerie, de gouaillerie, de blague qui nous fait rire de ce qui devrait nous faire pleurer.

Souhaitez à notre génération d'être plus sérieuse; elle en deviendra plus profondément gaie; et tous vos souhaits accomplis, livrez-vous aux réjouissances.

—

Je ne vous engage pas à monter aux mâts de cocagne décrocher les timbales d'argent. Les places sont toutes retenues, et c'est là l'ambition vulgaire, commune, universelle. Je ne vous conseille pas non plus les mimodrames; ils représentent tous la gloire de nos armes, en Afrique, en Chine, en Cochinchine, dans les pays peu civilisés; mais ils ont l'inconvénient de faire penser à nos médiocres succès diplomatiques en Europe, parmi les peuples de haute civilisation.

Je ne crois pas non plus que vous teniez beaucoup aux pétarades, aux canonnades, aux feux d'artifice. La poudre ne parle que trop souvent en France, et quand on a eu le bonheur d'entendre plusieurs fois M. Rouher dans une session, on méprise les fusées, les soleils et les chandelles romaines.

—

Je vous conseille pour le soir de ce beau jour, si la journée a été belle, et si le soir est beau, une promenade à travers les champs. Vous trouverez dans le ciel, à cette époque de l'année, des illuminations splendides; les étoiles semblent remises à neuf, et celles qui filent font vaguement rêver aux révolutions écoulées.

Telles sont, mes chers confrères, les instructions que mon amitié croyait vous devoir pour célébrer, sans trop d'ennuis, ce grand jour qui paraît toujours si long. Croyez-les bien sincères, puisque je ne suis pas forcé par position de vous les adresser.

XXXI

LES DÉCAPITÉS PARLANTS

15 août.

Pendant qu'on tire le canon pour fêter l'Assomption de Napoléon au ciel, je pense à tous ceux qui ont fait ainsi brûler, parler, chanter la poudre de l'enthousiasme, et qui sont morts, haïs, blasphémés, méconnus ou mieux connus.

—

On vient d'ouvrir précisément, boulevard des Capucines, une exposition des grandes figures de la Révolution et de l'Empire, qui aide beaucoup à cette revue philosophique et rétrospective du passé.

C'est à l'endroit même où nous avons vu le décapité parlant, que toutes ces têtes des héros, des victimes ou des bourreaux de la grande époque se mettent à parler. -

Elles parlent en effet, par leurs yeux qui rayonnent, par leur bouche qu'un sourire d'une éloquence éternelle semble animer; elles parlent de courage, de fierté, de résignation, de sacri--fice, d'honneur et de liberté, à une génération qui les regarde sans les entendre!

Je suis bien naïf, ou bien ardemment hostile aux choses qui se passent de nos jours, et aux hommes qui font ces choses; car je confesse qu'en me promenant dans ce musée historique, je me suis senti pâlir d'envie devant ces morts, et rougir de honte en me retournant vers les vivants.

—

Quelles attitudes simples! quelle sûreté de maintien! quelle placidité de conscience! quelle jeunesse! et, à part Marat, Fouché et quelques autres, quelle beauté!

Il semble que la laideur ne soit pas possible aux époques de transfiguration sociale. Qui oserait dire que Mirabeau fût laid? il l'était au repos; il le parut dans cette conférence avec Marie-Antoinette, quand il s'agissait de ruser avec la Révolution. Mais Mirabeau à la tribune avait tant de lumière sur le visage, que la grêle disparaissait dans la tempête, dans l'éclair de toute sa personne!

—

Toutes ces toiles ne sont pas signées de noms

célèbres. Des peintres obscurs, inconnus, ont eu la faveur de reproduire les visages glorieux de ces grands citoyens; et le modèle a cédé de son génie au peintre, et la plupart de ces portraits, en dehors de tout intérêt politique et historique, seraient considérés encore comme des chefs-d'œuvre.

C'est la reine qui commence la série. Marie-Antoinette vient de présider le conseil où Léonard est ministre de la coiffure, et mademoiselle Bertin, ministre des modes. Elle est satisfaite du rapport de ces serviteurs dévoués. Tout est calme à Trianon; on s'agite beaucoup ailleurs; mais c'est la populace; et puis Paris est si loin de Versailles! et les gardes sont de si beaux gardes!

La peinture est fine, délicate, un peu voilée.

On dirait que le portrait, de lui-même, a pris depuis ces temps-là un teinte, une vapeur de mélancolie.

—

Robespierre est à côté; il a la même attitude, le même profil que M. Guizot; il regarde froidement, clairement, devant lui; il ne médite pas, il ne rêve pas; il voit et il dicte.

Saint-Just est la poésie de Robespierre. On a dit de Champcenetz qu'il était le clair de lune de Rivarol. Je n'oserais donc dire que Saint-Just fût le clair de lune de Robespierre, puisque le mot serait une épigramme; et pourtant, je ne saurais comparer qu'à une influence mélancolique, et qu'à une fraternité, caressante comme une ombre, cette solidarité voulue par ce jeune homme de vingt-six ans, admirablement beau, que Louis David a consacré par son pinceau, et David d'Angers par son ciseau.

—

Le portrait de Couthon est très-rare : celui de l'Exposition du boulevard est d'une fermeté tranquille, qui fait rêver. Danton est peint en avocat, non en tribun. Ce n'est pas le Champenois que Chateaubriand vit à la salle des Cordeliers et qu'il dépeignait ainsi : « Hun, à la taille de Goth, à nez camus, à narines au vent, à méplats couturés. »

Non; c'est M. Danton, procureur, qui se faisait bâtir une belle maison à Troyes pour s'y retirer. Hélas! la maison fut bien lente à s'achever. Elle ne dépassait que de quelques pieds le sol, quand, après le 5 avril 1794, l'ordre vint de l'interrompre. On la termina depuis, on en fit un palais de justice, et Danton n'a même pas donné son nom à la rue!

Saluons Camille Desmoulins, le Camille de la *Lanterne* et du *Vieux Cordelier*. On pensera de moi ce qu'on voudra, mais je ne puis m'empêcher de l'aimer avec faiblesse, cet étourdi superbe qui demandait à sa femme, du fond de sa prison, et à la veille de l'échafaud, un traité sur l'immortalité de l'âme pour boire l'oubli de ce monde, et le verre où leurs deux noms d'amants, d'époux, étaient gravés, pour boire l'oubli de la mort !

J'en passe et des meilleurs, et des pires peut-être ! Mais tous ont le même regard, et tous semblent des êtres pacifiques traversant une époque heureuse ! Dirait-on qu'ils ont été peints, entre deux séances de la Convention, ou en face de l'échafaud ? Comme ils méprisent la vie, comme ils ont scellé le pacte qui les fait immortels !

Voici les lyriques : Marie-Joseph Chénier, Rouget de Lisle. Le portrait de ce dernier a été troué par des baïonnettes. Ne pouvant arracher des cœurs l'hymne révolutionnaire, on a voulu du moins déchirer l'image du poëte et du musicien. Les plaies de la toile sont cicatrisées, et la chanson proscrite, palpite sur les lèvres muettes qu'un rayon, qu'un éclair peut entr'ouvrir.

Barbaroux, cet Antinoüs « fier de la République et fait pour y fleurir, » s'épanouit dans sa grâce. Madame Rolland a défié le peintre. « J'ai, dit-elle, plus d'âme que de figure, plus d'expression que de traits. » Le peintre a entrevu l'âme et deviné l'expression.

Découvrons-nous : voici Bailly ! remettons notre chapeau, voici Tallien. Passons : voilà Hébert, l'élégant rédacteur du *Père-Duchesne,* Marat qui, fût-il l'ami du peuple entier, ne serait pas le mien, et Fouché, le duc d'Otrante.

Le comte de Provence, le plaisant qui sera le premier roi de France constitutionnel, est en costume de ballet : il a l'air d'un Tircis qui va jouer de la flûte; aux genoux de qui ?

La princesse de Lamballe et madame Élisabeth attendrissent les regards; Charlotte Corday, dans le seul portrait authentique peut-être qu'on ait d'elle, les fait rêver.

—

Nous entrons dans l'histoire anecdotique. Voilà la reine des Halles, celle qui alla chercher Marie-Antoinette à Versailles, qui dormit sur l'affût d'un canon, et qui entra une des premières aux Tuileries le 10 août. Reine Audet est bien le type des femmes de la halle, sans haine, sans férocité, véhémente, courageuse, humaine, mais implacable.

Madame Hébert tenait le salon du père Duchesne, salon pédant, charmant, où l'on ne parlait qu'avec courtoisie des choses du jour. *L'engueulement* était réservé à ces messieurs pour le journal. Théroigne de Méricourt, la belle

Liégeoise, fait contraste avec madame Hébert. Ce n'est plus la muse du salon, c'est la muse de la rue, du club, de la tribune, de la place publique. Elle mourut folle, la pauvre déesse de la raison. Cela porte malheur d'être dieu ou déesse !

—

La bouquetière des Jacobins n'est pas aussi pimpante, aussi élégante que mademoiselle Isabelle du Jockey-Club. Aux Jacobins la fleur rouge valait un sou, moins que cela, une accolade fraternelle. On donne un louis pour une rose à mademoiselle Isabelle. Nous faisons mieux les affaires, et le Jockey-Club rapporte plus que le club des Jacobins.

Olympe de Gouges n'était pas une femme ordinaire ; elle répéterait aux réunions du Vauxhall, à propos de la condition des femmes, la phrase sublime qui fait sa gloire : « La femme a le droit de monter à l'échafaud ; elle doit avoir le droit de monter à la tribune. »

Quand ce fut son tour, elle tendit avec intrépidité sa tête au bourreau, une bonne tête de femme, un peu folle par apoplexie de raison et par pléthore d'enthousiasme.

Madame Tallien, Notre-Dame de Thermidor, est représentée en costume d'amazone ; elle est charmante à faire peur ; on se souvient des salons de Barras, et l'on ne voit pas l'échafaud de Robespierre.

Madame Maillard, actrice de l'Opéra, fut déesse de la liberté. On la voit en toilette officielle ; elle était belle comme toutes les femmes célèbres de ce temps, comme tous les hommes aussi.

—

M. de Talleyrand, ce génie de la transition, relie la République à l'Empire. Le portrait de Louis Bonaparte, roi de Hollande, prolonge même plus loin les réflexions. Je puis dire que son fils, l'Empereur actuel, n'a rien de ses traits. Habillé, ou plutôt déguisé en troubadour dynastique, dans ces costumes du sacre qui semblent une mauvaise plaisanterie de Louis David, le roi de Hollande ressemble au beau Dunois revenu de la Syrie.

La peinture est de Gérard.

—

L'impératrice Marie-Louise, cette femme tant calomniée, porte toute l'excuse de sa vie dans son regard tendre, incertain, voilé des brumes de l'Allemagne, dans sa bouche un peu épaisse, aux contours indécis, qui s'entr'ouve au moindre souffle, dans le charme d'une nature artistique, sentimentale, qui voulait régner sur un cœur, bien plutôt que sur la France, et qui fut dépossédée de la couronne impériale, sans jamais perdre la couronne de femme à laquelle elle tenait.

Prudhon fut le maître de dessin de l'impératrice Marie-Louise ; Joséphine Beauharnais protégeait Gros qui a fait d'elle un beau portrait. Il est de l'époque où on appelait la femme du général Bonaparte : Notre-Dame-des-Victoires.

Le portrait du roi de Rome et quelques autres de personnages épisodiques terminent la série.

Vais-je oublier Féraud qui eut tant de fois sa tête mise au bout des piques, dans les tableaux des peintres et de la journée du 1ᵉʳ prairial, et qui, dans toutes ces mises en scène dramatiques, n'eut jamais un portrait véritable.

—

Par un raffinement de déduction philosophique, Descartes, Molière, Voltaire, Jean-Jacques Rousseau, les fondateurs de la raison moderne, à ce titre, les précurseurs, les saints de la Révolution française, dominent cette exposition des grands acteurs du plus grand drame. Ils semblent présider, avec la placidité des dieux qui jugent et qui récompensent, l'audience où tous ces morts, victimes sans jugement, viennent revendiquer la révision, l'annulation de leurs procès. Ce club de décapités illustres, qui ont repris leurs têtes inspirées, est à lui seul un grand enseignement, un beau spectacle ; il donne le désir de la justice, l'amour de la vérité. Il parle de patriotisme sans fracas, de dévouement sans calcul, de la liberté aimée pour elle, de l'impuissance des bourreaux, de la vanité des tyrannies. Il parle surtout des droits de l'humanité, que les partis méconnaissent dans leurs diatribes, dans leurs pamphlets, et qu'un simple portrait humain restitue aux justiciers aussi bien qu'aux victimes ! On n'ose pas calomnier les consciences de ces gens-là, on n'ose plus même en médire, devant ces belles et placides physionomies...

—

Mais revenons à la fête d'aujourd'hui !

Tonnez canons ! brûlez lampions !

Quel musée fera-t-on un jour avec la tête à calotte de velours de M. Rouher, ce Mirabeau de l'Empire, et la figure fière de M. Émile Ollivier, le Barbaroux du tiers-parti?

Amusez-vous, grands contemporains ! ne pensez pas à l'avenir qui vous oubliera... peut-être !

XXXII

L'ENTHOUSIASME DYNASTIQUE EN PROVINCE

21 août.

J'avais peur que Paris, aigri par le levain des mauvaises passions, ne répondît pas aux espérances d'enthousiasme que l'on avait fondées sur lui pour le 15 août : et, comme rien n'est plus humiliant que de se résigner trop facilement à un régime qu'on ne vous impose pas assez, j'ai fui Paris pour n'être pas témoin de l'ingratitude des Parisiens, pour ne pas mesurer ma propre déchéance, pour me retremper dans les sentiments purs, naïfs, des populations maritimes, et pour respirer.

J'ai appris depuis que tout s'était fort bien passé.

J'avais choisi le Tréport pour mon expérience. La mer y est aussi belle que partout ailleurs, et les hommes y sont aussi laids.

D'ailleurs, je savais que ce pays a des raisons particulières de manifester son amour pour l'Empire; il doit tout à Louis-Philippe. Le château d'Eu confisqué, mais respecté, hanté seulement par les souvenirs, et verdissant pensif devant l'église pleine de tombeaux, rappelle à chaque pas le culte, la folie du feu roi pour ce pays.

Aussi les habitants et la municipalité qui tiennent avant tout à justifier cette vieille affection, se sont-ils empressés de mettre sur une des portes du château, sur des communs, je crois, dont on a fait la mairie, cette inscription : *A Napoléon III, la ville d'Eu reconnaissante.*

Un aigle en zinc tient dans ses serres puissantes cette manifestation loyale qu'il promet bien de ne pas laisser échapper.

—

J'étais donc certain de trouver au Tréport un enthousiasme zélé. Les premiers symptômes me confirmèrent dans cette douce pensée. Trois saltimbanques, un orchestre, deux canons et des oriflammes tricolores promettaient à ma curiosité patriotique une ample satisfaction.

Tout naturellement, comme à Paris, vingt et un coups de canon stupéfièrent l'aurore et apprirent à l'écho des falaises que le Tréport allait célébrer la fête de son souverain et celle de la sainte Vierge, qu'on oublie moins ici qu'à Paris.

Une troupe de gamins, espoir futur de la garde mobile et de l'armée, criaient à tue-tête : Vive l'Empereur ! chaque fois que le canon retrouvait la voix qui acclamait jadis Louis-Philippe.

—

A l'heure ordinaire, prévue par les circulaires ministérielles et préfectorales, le corps des pompiers, musique et bannière en tête, escorta les autorités à l'église pour chanter le *Te Deum*.

Comme l'église était toute pleine, et comme il y manquait précisément une place, j'allai promener mes vœux sur la plage. Ici, le recueillement était complet. La vague murmurait son éternelle prière, son éternelle menace ; quelques baigneurs s'entretenaient avec tristesse de la perfidie des flots qui trompent aussi souvent que le suffrage universel.

—

La veille, un voyageur, un homme jeune, père de famille, était venu de Saint-Valery au Tréport, et avait voulu tout aussitôt s'élancer à la mer. Fut-il pris d'un étourdissement, d'une crampe, ou bien avait-il, comme on le raconte, commis l'imprudence de déjeuner avant de se baigner ? Voilà ce que j'ignore. Mais ce que je sais, c'est que le malheureux, au bout de deux minutes, fit des signes de détresse, appela au secours. Un guide s'élança ; l'homme qui se noyait le saisit au cou, à la gorge, et l'étrangla ; si bien que l'on ramena deux cadavres sur la plage.

—

Ce fut dans le Tréport une consternation générale. On pouvait craindre que ce deuil nuisît à la fête. Mais, le lendemain, à part quelques rêveurs frappés de ces deux mystères, l'océan et la mort, personne ne songeait au désespoir des veuves et des orphelins. On s'était mis en règle par une souscription.

Étonnez-vous donc ensuite, ô princes ! que la reconnaissance des peuples survive si peu à vos naufrages.

—

Je n'ai pas vu de mât de cocagne. Mais les courses dans les sacs et le tourniquet faisaient oublier cet appât des fêtes nationales. Les saltimbanques eurent les honneurs de la journée.

Une somnambule extra-lucide qui prédit l'avenir, qui raconte le passé, mais qui refuse de s'expliquer sur les élections prochaines et sur les éventualités de guerre, dévoile aux marins et aux paysans leurs faiblesses de cœur. Il paraît que les têtes couronnées ont pris des conseils de cette somnambule, qui fait d'ailleurs le miroton dans la perfection ; car, depuis, j'ai senti l'odeur du fricot derrière le temple de l'oracle.

A côté, une pauvre petite fille de sept ans,

montre ses trois jambes et ses deux abdomens. Les trois jambes sont incontestables; les premiers médecins de Paris les ont certifiées, et tout le monde peut les toucher.

A ce propos, et au risque d'interrompre mes épanchements, je veux faire une remarque. Il existe des lois pour régler le travail des enfants dans les manufactures; nous possédons aussi une loi protectrice des animaux qui ne permettrait pas de malmener un mouton à cinq pattes. S'occupe-t-on de savoir s'il n'y a pas une exploitation douloureuse, scandaleuse, dans l'exhibition de ces pauvres petits phénomènes?

—

Ce matin, avant l'heure des représentations, je voyais le monstre en question qui entrebâillait une des fenêtres de la voiture, et qui accoudée, sa main maigre dans ses jolis cheveux blonds, humait l'air et regardait le ciel.

Elle n'osait pas trop se montrer, la pauvre enfant, de peur de nuire à la recette; elle écoutait les voix des enfants de son âge, jouant sur la porte. Pourquoi n'a-t-elle pas de compagnons? Pourquoi le ciel lui a-t-il donné trois jambes pour ne jamais courir et ne jamais danser? Sur le tableau exposé à la porte on la voit sautant à la corde les cheveux au vent. Ironie cruelle! Jusqu'à ce qu'il plaise à la nature de détacher d'elle les appendices qui la rendent un phénomène, elle est condamnée à la réclusion perpétuelle : ni jeux, ni courses, ni amitiés ! Elle ne connaîtra que le public, qui, moyennant la *bagatelle de 2 sols*, vient la voir, la palper, la retourner, lui rire au nez.

Avec quel soupir elle humait la brise ! Qui sait si, victime d'une industrie, elle n'est pas aussi régulière de formes que les autres petites filles ! Cette troisième jambe est peut-être une supercherie, un accessoire adapté, et alors, que penser de cette exploitation féroce autorisée par la police !

Je n'ai pas osé entrer dans la baraque. J'avais trop regardé cette petite tête pâle et maigre à sa fenêtre; je ne voulais pas me rendre complice d'une profanation. La curiosité du pays est rassasiée; la fête est finie, la voiture du phénomène se dispose au départ. Bon voyage au monstre, jusqu'à ce qu'il se rencontre une autorité assez audacieuse pour vérifier le cas et pour intervenir au nom de l'humanité !

J'ai visité la troisième baraque. C'est une lanterne qui nous montre la vue de Saint-Pierre de Rome, l'Empereur recevant tous les souverains à la fois à l'Exposition universelle, et *Sa Majesté* le Prince Impérial faisant sa première communion. Ce saltimbanque, lui aussi, devance furieusement la justice du peuple ; il appelle *Majesté* une jeune Altesse; mais c'est là l'erreur d'un beau zèle. On ne le chassera pas pour cela.

Voilà les spectacles qui s'ajoutent d'eux-mêmes au programme de la mairie. Il n'y a pas là de quoi exciter les populations; aussi, excepté, quand on tire le canon, les gamins qui sont la voix haute du peuple, s'abstiennent-ils de crier.

—

C'est à la nuit, comme partout, avec les lampions, que l'enthousiasme doit s'allumer surtout! Attendons! la nuit vient!... la mer essaie de retenir les promeneurs par la caresse des vagues. Mais il faut bien compter les illuminations et voir danser la foule. L'orchestre des pompiers ne se ménage pas. Il met en pièces les airs de la *Belle Hélène,* sur lesquels trépignent les marins. Aucun cri séditieux ou dynastique ne se joint à cette manifestation des jambes. Si c'est pour l'amour de l'Empereur que ces gens-là ont dansé, comme ils l'aiment!

—

A neuf heures, un feu d'artifice placé à un des côtés du bassin annonce le point culminant du lyrisme silencieux de la ville. Ruggieri n'était pas là; mais, à part un peu de lenteur et d'indécision dans le lancement des fusées, cette petite manifestation pyrotechnique s'est très-bien accomplie. La situation pittoresque du Tréport; l'idée ingénieuse qu'on eut d'espacer des feux de Bengale le long du bassin, de la rampe qui conduit à l'église, et sur le sommet de l'église même, terminent, par un tableau de féerie, cette petite fête.

—

Le croirait-on ? je n'étais pas content. La nuit était belle: les enfants s'amusaient de la poudre brûlée. Je déclare que j'illuminai avec rage, que je dépensai en flammes du Bengale des sommes relativement fabuleuses, et que je voulus étonner le Tréport par l'embrasement du balcon où j'étais placé.

Mais aussi quelle joie d'entendre à ce moment les gamins stupéfaits, exaltés, éblouis, crier à tue-tête : Vive l'Empereur ! et m'acclamer comme un des plus fanatiques ! J'avais provoqué, et je ne m'en fais pas gloire, une manifestation qui a dû bien réjouir les autorités.

Si le capitaine des pompiers faisait des ordres du jour comme le maréchal Canrobert, il dirait qu'on a vu avec plaisir le sentiment dynastique faire explosion. Peut-être aurais-je des chances d'être décoré.

Je n'ai pas tant d'ambition. Je laisse, en partant d'ici, la réputation d'un agent d'enthousiasme; mais je suis plus que jamais fixé sur la valeur de ces cris. En multipliant, à Paris et ailleurs, mon procédé, on peut obtenir de si formidables clameurs qu'il y aurait de quoi étourdir et griser le chef de l'État le plus sceptique et le plus blasé. Défions-nous donc des unanimités bruyantes avec lesquelles on fait l'histoire et on trompe les historiens.

XXXIII

LES PRIX DE VERTU

28 août.

L'Académie française est la seule institution moderne, avec la mairie de Nanterre, qui donne des prix à la vertu. Elle a cette supériorité, toutefois, sur la patrie de Sainte-Geneviève, qu'elle n'ajoute pas la mauvaise pâtisserie à son goût pour l'innocence.

Les rosières font quelquefois parler d'elles; mais on n'entend plus parler des lauréats de l'Académie ; et l'on n'a jamais appris que ces vertus couronnées aient été sensiblement contagieuses.

—

Ce n'en est pas moins un touchant spectacle, fait pour ravir la pensée dans des espaces d'un bleu tendre et infini, que de contempler ces quarante immortels, qui ne sont jamais que trente-huit, s'occupant avec simplicité de rechercher si les bonnes servantes, au lieu de faire danser l'anse traditionnelle du panier, n'ont pas consacré leur jeunesse, leur maturité, leur vieillesse à servir elles-mêmes d'anses et d'appuis aux pas chancelants d'un vieux maître qui n'a plus de testament à faire!

Il est doux de voir d'anciens diplomates, rompus à toutes les perfidies, des professeurs de morale qui ne vivent pas de leur fonds, des littérateurs jadis badins, s'attendrir sur le dévouement d'une humble servante.

—

Ce retour à la simplicité, cette culture du naïf, rafraîchit, paraît-il, les vieilles âmes desséchées par tant d'ambitions orageuses; et le public s'émeut à son tour de cette émotion, sans que la majorité des cuisinières, des femmes de chambre et des bonnes d'enfants se sente stimulée à mieux faire et pratique moins les gains illicites et les casernes.

—

Je ne veux pas médire de l'Académie; mais enfin son influence sur la vertu me paraît racheter médiocrement son impuissance sur le mouvement littéraire et philosophique de son temps. Jamais les domestiques ne furent plus éloignés de la candeur pastorale, et jamais l'Académie ne s'obstina autant à ne chercher ses héros que dans la cuisine et l'antichambre.

M. Louis Ratisbonne, un peu sceptique à ce sujet, insinue dans le *Journal des Débats* que les immortels ont failli couronner cette année une vertu plus que fermentée, et proclamer comme modèle de dévouement une bonne qui assignait son maître devant le juge de paix pour le paiement de ses gages. On a démasqué à temps cette Atar-Gull femelle, et l'on s'est contenté de faire pleuvoir pour trois mille francs d'étincelles et d'étoiles sur le front d'une négresse, mademoiselle Nymphe, qui nourrissait son maître d'oursins, pêchés par charité, pendant la nuit.

Puis, quelques autres servantes, pour leurs dévouements, ont reçu des primes de cinq cents francs; et l'on a honoré spécialement une ouvrière, Raymonde Olive, qui, dans le courant de l'année 1867, avait ouvert sa porte à des militaires espagnols, refugiés, proscrits, malades, blessés.

M. de Carné, en signalant ces actes de vertu, a parlé des excitations funestes qui menacent la société des domestiques.

Il paraît que ce n'est pas seulement le sanctuaire de la famille, mais aussi son fourneau qui est infesté. Les mauvaises doctrines ont filtré du salon dans la cuisine, ou se sont faufilées par l'escalier de service. L'Académie dénonce le péril. Les bouillons sont mêlés, les consciences corrompues, les saines traditions de la domesticité se perdent. M. de Carné n'a pas parlé des pamphlétaires; mais je puis bien lui dire que j'ai vu hier une cuisinière qui prenait impudemment une *lanterne* pour descendre à la cave; une *lanterne!* l'emblême le plus séditieux, le signe de ralliement le plus subversif de ce temps-ci!

—

J'admets la décadence des cuisinières. L'Académie française n'est pas obligée de prendre là-dessus l'avis de l'infanterie et de la cavalerie. Je reconnais en outre que la question, qui a un intérêt social, peut avoir pour les membres de l'Institut, vieux, casaniers, parfois célibataires, un intérêt particulier, spécial. C'est le culte du lait de poule et du bonnet de nuit, et ce culte-là n'est pas indifférent : « Allons, Babet, un peu de complaisance! » dit la chanson. Le brave et illustre M. Montyon ne se doutait guère qu'il fondait un prix pour encourager, jusqu'à l'héroïsme, la complaisance de Babet!

—

Mais enfin, admettons que la cuisine ait perdu ses principes; que la domesticité n'ait plus les vertus antiques; comment s'y prendra-t-on pour relever l'autel? pour rallumer dans les fourneaux un feu dont nos cuisinières soient, à elles seules, les vestales, sans le secours d'aucun sapeur? M. de Carné ne le dit pas, et je vais le lui dire ; c'est en forçant les maîtres à donner un meilleur exemple. Voilà pourquoi, il me semble plus urgent de récompenser la vertu des maîtres, d'éveiller l'émulation des chefs de famille, des maîtresses de maison, que de couronner les vertus des serviteurs.

—

La Convention nationale avait aboli les prix de vertu, parce qu'elle pensait que la vertu étant aussi nécessaire à la vie morale que l'air est indispensable à la vie physique, il était superflu et peut-être immoral de couronner, comme des phénomènes, des gens vertueux appliqués uniquement à remplir les conditions du parfait citoyen.

La monarchie sentit la nécessité de rendre cette prime à l'innocence, ce stimulant au sacrifice. Puisqu'elle décorait des gardes nationaux qui avaient monté régulièrement leur garde, des employés qui étaient allés ponctuellement et quotidiennement à leur bureau pendant vingt ans, elle devait honorer, à plus forte raison, les belles âmes capables de ne point songer uniquement et exclusivement à elles.

Nous continuons cette tradition restaurée, et les mâles principes de la Convention sembleraient bien rigides. Couronnons donc la vertu. Mais laquelle?

—

Sera-ce cette humanité banale, cette sensibilité de la chair qui empêche une créature humaine de voir souffrir ou mourir de faim une autre créature? Donnerons-nous des encouragements de la Société protectrice des hommes, comme on donne des encouragements de la Société protectrice des animaux? L'Académie, la gardienne des traditions de l'esprit, c'est-à-dire de l'honneur français, ne s'élèvera-t-elle pas au-dessus du point de vue d'un président de comice agricole, couronnant les bons garçons de ferme, les excellents laboureurs, les bergers pleins d'attentions pour leurs troupeaux?

Est-ce donc cela qu'a voulu Montyon? l'éternel hommage au caniche fidèle? Ne fera-t-on rien pour le chien qui mord, mais qui avertit; pour la vertu militante, en un mot! Vertu des jeunes gens, vertu des jeunes filles, vertu des vieillards, vertu civique, vertu sociale?

—

Les bonnes servantes doivent-elles faire tort aux filles repenties, qui ont racheté par le travail une heure de faiblesse, et qui, par ce temps d'infanticide, de lâche abandon, se purifient dans les angoisses maternelles, dans les veilles passées au chevet d'un enfant?

Il y a des drames sublimes, des héroïsmes incomparables dans l'histoire de ces malheureuses qui deviennent vertueuses, quand elles ne sont plus rosières; et dans l'histoire de celles qui ont résisté! mais l'Académie est bégueule pour la jeunesse; et elle croirait encourager le désordre, le vice, si elle encourageait le repentir.

—

On donne une simple médaille à une femme qui, depuis quarante ans, s'occupe de propager les écoles; et pourtant n'est-ce pas là la source de toute vertu? Je sais bien que M. Dupanloup s'opposerait à ce qu'on fît sonner trop haut les vertus des honnêtes femmes du monde qui, préoccupées de faire des mères de famille et des ouvrières utiles, fondent, surveillent, dirigent les écoles professionnelles!

—

Puisqu'il faut estampiller la vertu pour lui donner son prix, estampillons les courages modestes, les probités patientes, les consciences armées! Que celui qui a souffert pour sa foi, qui n'a jamais renié son serment, qui mettant l'honneur au-dessus des honneurs, est descendu, pauvre et pur du pouvoir; que tous ceux qui ont donné un exemple de fidélité à des idées, et de mépris pour les intérêts sordides, reçoivent, malgré eux, cette louange académique ; j'y consens.

Mais que tous ces philosophes, ces critiques, ces hommes d'État, ces prélats, se mettent en quête de savoir avec combien de petits morceaux de pain une servante a nourri ses maîtres, et que les investigations des chercheurs de vertu s'arrêtent à la première aumône, voilà ce qui me paraît au dessous de la mission de l'Académie, au dessous de la mission de Montyon, au dessous de la curiosité sociale.

—

Le jour où un enfant, ému sous le coup du souvenir des vertus paternelles, se dresse dans une assemblée pour protester fièrement, bravement, de sa mémoire attendrie, de sa piété filiale, ce jour-là, ce collégien rebelle fait plus pour la morale que tous les serviteurs, blancs ou noirs, qui vont mendier en faveur de leurs maîtres. Car il affirme, cet écolier, la vertu la plus nécessaire à notre époque, la vertu du serment et la sainteté du droit ; et il les fait aimer en leur prêtant le charme de sa jeunesse, l'électricité communicative de ses quinze ans!

Mais les académiciens sont un peu sceptiques en général, à l'endroit des serments, et leur fragile immortalité les engage à faire plutôt la propagande des vertus du comfort. On dirait, à les voir récompenser la bienfaisance des bons domestiques, les égards multipliés autour des maîtres infirmes, qu'ils sont chargés de se ménager des invalides, en préparant les invalides de la vertu!

Laissons-les donc s'abandonner à ces accès innocents de sensibilité pratique. Ce n'est jamais par des couronnes, par des concours, par des récompenses, par des timbales de mâts de cocagne, que la vertu se crée, que la conscience d'une société se relève.

Montyon voulait faire des citoyens utiles ; M. de Carné a parlé de la nécessité de perpétuer les saines traditions de la domesticité.

Ce n'est pas tout à fait la même chose; mais, pour ce que veut humblement l'Académie, le procédé qu'elle emploie est sans doute le meilleur. Les servantes fidèles peuvent se dispenser de prétendre au testament de leurs maîtres, si leur désintéressement bien apparent leur vaut une place dans le testament de l'Académie.

Tout cela n'empêche pas mademoiselle Nymphe d'être une bonne fille, une bonne négresse, et madame Olive, qui soigne les proscrits, d'être un brave cœur!

FIN

TABLE DES MATIÈRES

I. — Au directeur du *Figaro*...............	1
II. — Les étrangleurs de Paris..............	8
III. — La littérature putride................	18
IV. — Les épicuriens du cure-dent...........	29
V. — La littérature saine..................	38
VI. — Un conte pour la jeunesse............	51
VII. — Une maison de sages.................	61
VIII. — Le dossier des gens de lettres........	71
IX. — La statue du commandeur Jubinal.....	79
X. — A M. Havin.........................	87
XI. — L'apothéose d'un bourgeois............	96
XII. — La réception du père Gratry..........	106
XIII. — A Son Altesse le duc de Brunswick....	115
XIV. — Les filles libres-penseuses............	126
XV. — Les lions et les crevés...............	139
XVI. — Hanneton, vole!.....................	147
XVII. — Les ânes de l'avenir.................	156
XVIII. — Les scandales de la vie privée........	164
XIX. — On demande un grand homme........	170
XX. — M. Haussmann......................	180
XXI. — Réponse au régulier et à l'irrégulier...	192

XXII.	— A M. E. Laboulaye.................................	203
XXIII.	— La bourse ou la vie!............................	214
XXIV.	— Et la mer montait toujours!................	224
XXV.	— La liberté en villégiature...................	235
XXVI.	— Ah! qu'on est fier d'être Français!......	245
XXVII.	— Les aboyeurs.......................................	254
XXVIII.	— La croix de mes confrères.................	263
XXIX.	— A Son Excellence M. Pinard...............	271
XXX.	— Circulaire aux journalistes pour la célébration de la fête du 15 août............	277
XXXI.	— Les décapités parlants........................	284
XXXII.	— L'enthousiasme dynastique en province..	294
XXXIII.	— Les prix de vertu................................	303

www.ingramcontent.com/pod-product-compliance
Lightning Source LLC
Chambersburg PA
CBHW071255160426
43196CB00009B/1301